*347 lustige Gesellschaftsspiele*

Roland Gööck

# *347 lustige* Gesellschafts-spiele

Weltbild

Besuchen Sie uns im Internet:
*www.weltbild.de*

Neuausgabe mit freundlicher Genehmigung von Heidi Gööck

Steinerne Furt 67, 86167 Augsburg
Umschlaggestaltung: Studio Höpfner-Thoma, Gräfelfing
Umschlagmotive: Studio-Höpfner-Thoma, Gräfelfing
Gesamtherstellung: CPI Moravia Books s.r.o.,
Brnenská 1024, CZ-69123 Pohorelice
Printed in Czech Republic
ISBN 3-8289-2040-3



2007 2006
Die letzte Jahreszahl gibt die aktuelle Lizenzausgabe an.

INHALT

## GESELLSCHAFT MIT UND OHNE STEHKRAGEN

Um acht ist »Einladung« bei Klimperschultes. Um halb neun sind alle da. Um dreiviertel neun sitzen sie in Sesseln von modischer Form und Farbe um den Nierentisch, trinken einen Mosel und unterhalten sich a) über die jüngsten Ereignisse in der Firma, im Stadtrat oder am Kongo, b) über die Schwierigkeit, eine tüchtige Raumpflegerin zu bekommen und c) über die lieben Kinderchen, deren Schulsorgen und die letzten drei bis sechs Krankheiten der Sprößlinge. So etwas gibt es. Wahrscheinlich häufiger, als man annimmt – und ganz bestimmt häufiger, als Sie, verehrter Käufer und Benutzer dieses Bändchens, anzunehmen geneigt sind. Denn bei Ihnen ist das natürlich ganz anders. Oder es soll wenigstens anders werden.

Bei Ihnen kommt es bestimmt nicht vor, daß die Gäste ab halb elf unauffällig auf die Uhr schielen und sich einen passenden Abgang ausdenken. Bei Ihnen zu Hause wird nicht gegähnt, sondern nur gelacht oder zumindest nachgedacht. Denn bei Ihnen wird gespielt – mit oder ohne Stehkragen, darauf kommt es gar nicht an. Aber fangen wir von vorne an. Wer ist überhaupt die »Gesellschaft«, für die unsere Spiele zusammengetragen wurden? Ganz zuerst selbstverständlich die Familie, eventuell erweitert durch einen sehr guten Freund des Hauses oder durch Spielkameraden der Kinder. Wer noch keine Spielerfahrungen hat, sollte unbedingt bei der Familie als der Keimzelle jeder Spielgesellschaft anfangen. Erst in zweiter Linie sollte man Spiele in größerem Kreis, unter Freunden und Bekannten, riskieren. Dazu gehört schon ein bißchen Spielpraxis.

Das klingt schwieriger und umständlicher, als es in Wirklichkeit ist. Denn die im häuslichen Kreis gesammelten Erfahrungen lassen sich ohne wesentliche Einschränkung auch auf die eingeladene Gesellschaft übertragen. Wenn erst einmal ein Anfang gemacht ist, ergibt sich der weitere Verlauf des Abends beinahe von selbst. Die Gäste sollen um Himmels willen nicht merken, daß

man mehr mit ihnen vorhat, als sie selbst zu tun beabsichtigen. Tun sie es schließlich doch, ist es schon geschehen – und auch der steifste Gast wird niemals zuzugeben bereit sein, daß man etwas mit ihm veranstaltet hat, was gegen seine Würde als Büroleitungsassistent gehen könnte.
Damit sind wir mitten im Thema. Gibt es eigentlich Spiele, die man jemandem »nicht zumuten« kann? Grundsätzlich nein, jedenfalls nicht von der Persönlichkeit her betrachtet. Damit soll keineswegs gesagt sein, daß jedes Spiel in jede Gesellschaft oder jede Gesellschaft zu jedem Spiel paßt. Es ist ganz richtig, wenn man »Spielneulinge« behutsam an die für sie fremdartige Betätigung heranführt. Das ist eine Frage der Auswahl, des Programmaufbaus, der Mischung. Außerdem ist es auch eine Frage, die mit Ihrer Wohnung zusammenhängt. Nicht in jedem Wohnzimmer kann man ein Tanzturnier veranstalten. Und schließlich kommt es auch noch auf die Gästezahl an. Fünfzehn Teilnehmer werden Sie nur mit Mühe zu einem Würfelspiel um den Tisch vereinigen können. Auch die anderen Tischspiele fallen bei einer so großen Gesellschaft zwangsläufig »unter denselben«. Andererseits können Sie mit sechs Spielern keine zünftige Polonäse veranstalten. Versuchen Sie es gar nicht erst! Machen Sie Spiele, die eine intime Stimmung verlangen, auch wirklich nur im kleinen Kreis, und jagen Sie andererseits eine kleine Gesellschaft nicht über die Hürden »großräumiger« Bewegungs- oder Tanzspiele.
Damit ist schon gesagt, daß Sie in diesem Bändchen beide Arten von Spielen finden werden. Manche davon dürften Ihnen vielleicht bekannt vorkommen und Erinnerungen an verschollene Jugendjahre heraufbeschwören. Viele andere stammen aus der Spielpraxis der letzten Jahre. Alle sind ausprobiert und bewährt. Ausnahmslos handelt es sich um Gesellschaftsspiele, die keine oder wenigstens keine schwierig zu beschaffenden »Zutaten« erfordern, von den in einem durchschnittlichen Haushalt ohnehin vorhandenen Dingen und ein paar Luftballons, Würfeln, Bällen, Wurfpfeilen oder Spielkarten abgesehen. Die meisten Spiele sind für drei und mehr Personen bestimmt.
Die Spielanweisungen wurden knapp und übersichtlich gefaßt und auf gute Verständlichkeit getestet. Sollte es bei Ihnen trotzdem nicht auf Anhieb so klappen, wie Sie es sich vorgestellt haben, dann geben Sie bitte nicht dem betreffenden Spiel die Schuld. Einmaliges Durchlesen reicht zwar zum Verständnis eines Spie-

les, ist aber kein Garantieschein dafür, daß nun alles von selbst so abläuft, wie es sein sollte. Spielanleitungen sind kein Brausepulver, das, unter die Gesellschaft gestreut und einmal umgerührt, sofort eine Wirkung hervorruft. Wenn im engsten Familienkreis etwas schiefgeht, ist das nicht weiter schlimm. Pannen in größerer Gesellschaft können dagegen auch dann stimmungsmordend wirken, wenn Sie Ihre besten Freunde und Freundinnen um sich versammelt haben. Versuchen Sie solche peinlichen Überraschungen zu verhüten, indem Sie neue Spiele erst einmal am Familientisch ausprobieren, und üben Sie sich in weiser Beschränkung, was die Zahl der an einem Abend arrangierten Spiele angeht. Leider gibt es gerade auf diesem Gebiet keine Faustregel. Es kann durchaus vorkommen, daß Sie um halb zehn mit dem Pantomimen-Spiel (Seite 25) anfangen und um halb eins feststellen, daß Ihre lieben Gäste noch immer mit Begeisterung bei der Sache sind. Und es kann ebensogut passieren, daß drei bis fünf Spiele je zehn Minuten völlig ausreichen, um die Stimmung auf einen Höhepunkt zu treiben, der sich nicht mehr überbieten und es empfehlenswert erscheinen läßt, das Spiel-Zwischenspiel abzubrechen. Ganz allgemein: Lieber ein spritziges Intermezzo, als einen genüßlich breitgetretenen Spiel-Brei servieren!
Das sind aber auch schon alle Tips, die der angehende »Spielmacher« kennen muß, bevor er in die Arena steigt. Wenn Sie noch nie gespielt haben, werden Sie vielleicht auch jetzt noch behaupten, daß es möglicherweise nicht angehe, den Herrn Bibliotheksdirektor mit einer Löffelstafette (Seite 76) vertraut zu machen und die Frau Büroleitungsassistentengattin das Windbeutel-Spiel (Seite 59) spielen zu lassen. Dann ist Ihnen nur mit *einem* guten Pat gedient: Versuchen Sie es doch mal! Sie werden sehen, daß Sie Ihre Freunde und Bekannten gewaltig unterschätzt haben.

*Hurra, da sind wir. Habt ihr wieder so schöne Spiele vorbereitet?*

# So kommt Leben ins Haus

# HEUTE ANDERS ALS GESTERN

Es besteht kein Zweifel, daß unsere Groß- und Urgroßeltern bedeutend spielfreudiger waren, als wir es heutzutage sind. Das hat einen gewichtigen Grund: Anno dazumal hatten die Leute erstens mehr Platz, um viele Gäste zu sich einzuladen, und zweitens gab es noch nicht so viele »unterhaltende« Ablenkungen wie heute. Rundfunk, Film und Fernsehen waren noch nicht erfunden oder steckten noch in den Kinderschuhen. Wenn man sich unterhalten wollte, mußte man das selber tun – es war gar nicht möglich, sich die Spiele eines Quizturniers im Fernsehen anzuschauen und darüber zu lachen, wie dämlich sich die Spieler in dem flimmernden Guckkasten anstellten.

Ein dritter gewichtiger Grund für den Spaß am Spiel bei unseren Altvorderen mag schließlich noch das Fehlen anderer Kontaktmöglichkeiten für die jungen Menschen gewesen sein. Wo sollte man schon die Chance dazu bekommen, Auge in Auge mit dem oder der Angebeteten zu sitzen, bei einem schicklichen Nebeneinander ihr oder sein Händchen zu halten und ihr oder ihm vielleicht sogar einen Kuß auf die zarte Stirn zu hauchen, wenn nicht beim Gesellschaftsspiel im Hause der Eltern, Freunde oder Bekannten? Dafür zeugen schon die Spielbücher früherer Generationen. Einige von ihnen sind ausgeklügelte Anweisungen für Hunderte verschiedener Möglichkeiten, endlich doch noch zum Kuß zu kommen – hold errötend selbstredend und in allen Ehren, denn die lieben Eltern waren ja schließlich dabei und stellten vielleicht schon ihre Spekulationen über den besten Verlobungstermin an.

Vor fünfzig oder achtzig Jahren bevorzugte man deshalb die *Pfänderspiele* (Seite 76) ganz eindeutig. Ihre Erfindung liegt schon viel weiter zurück. In China etwa wurden die Geishas schon vor zweitausend Jahren in der Abhaltung lustiger Pfänderspiele unterrichtet. Auch darin waren uns die Chinesen meilenweit voraus. Leider sind ihre Spiele so symbolüberladen und umständlich, daß man sich heute nur schwer mit ihnen anfreunden kann. Das Ein-

*Ha! Verruchte! Weiche windesschnell von hinnen!*

üben der genau festgelegten Spielzeremonie würde die Geduld moderner Spieler überfordern.
Auch der *Plumpsack* (Seite 178) – niemand kann sagen, woher dieses Wort kommt – ist keine Erfindung unserer Großmütter. Glaubhafte Zeugen berichten, daß schon die alten Ägypter sich mit ihm verlustierten. Das gleiche gilt für *Scharaden* (Seite 64) und *Lebende Bilder* (Seite 64). In jeder besseren Gesellschaft gehörte es zum guten Ton, auf dem Höhepunkt des Abends ein paar Lebende Bilder aufzubauen. Das geschah übrigens keineswegs mit der heute üblichen fröhlichen Improvisation, sondern wurde sehr sorgfältig vorbereitet. Mit Vorliebe stellte man Szenen berühmter Gemälde dar und verkleidete die schon tagelang vorher gedrillten Mitspieler mit den Perücken und Kostümen der Zeit.
Das *Würfelspiel* (Seite 133) ist genauso alt wie der Plumpsack. Herodot überlieferte die Sage, das Volk der Lytier habe das Würfeln während einer argen Hungersnot erfunden – sozusagen als Ablenkung von den leeren Bäuchen. Die alten Germanen schnitzten ihre Würfel aus den sauber geputzten Fußgelenk-Knochen von Hunden, wie Tacitus zu berichten weiß. Im Mittelalter war

*Das kostet einen Humpen, Florian!*

das Würfeln gewaltig im Verruf. Weltliche und kirchliche Obrigkeit taten es in Acht und Bann, und Sebastian Brant meinte in seinem »Narrenschiff«, die Würfelspieler seien allesamt »des tüfels kinder«.

Das *Ballspiel* (Seite 153) in verschiedenen Formen läßt sich ebenfalls bis zu den Anfängen der Geschichte zurückverfolgen. Homer erzählt davon, daß Nausikaa, die Tochter des Phäakenkönigs, mit ihren Gefährtinnen dem Ballspiel gefrönt habe: »Jetzo, wie sie den Ball gradauf zu schwingen versuchen, tanzten sie leicht einher auf der nahrungsprossenden Erde.« Die Spartaner hatten ihr »Aporraxis«-Spiel, eine Art Vorläufer unseres Handballspiels, und im sechzehnten Jahrhundert schließlich war das Ballspiel in ganz Europa so beliebt, daß man eigens »Ballhäuser« errichtete.

Nach diesem mehr oder weniger historischen Vorspann steht nunmehr dem Beginn des ersten Kapitels nichts mehr im Wege. Es faßt solche Spiele zusammen, die sich dazu eignen, Schwung in die Gesellschaft zu bringen und die Gäste miteinander bekannt zu machen – sogenannte »Party-Mixer« also. Alle Spielvorschläge dieser Gruppe zeichnen sich dadurch aus, daß sie auch diejenigen Gäste in ihren Bann ziehen, die sich noch nicht darüber klargeworden sind, ob sie nun begeistert mitmachen sollen oder die ganze Spielerei albern oder kindisch finden müßten. Die meisten Party-Mixer passen übrigens auch in die Mitte oder sogar an den Schluß eines Spielabends. Ob Sie, verehrter Gastgeber, es für gut halten, die Stimmung zusätzlich noch mit einem hochprozentigen Begrüßungsschluck anzuheizen, ist Ihrer eigenen Phantasie überlassen.

## ERKENNST DU MICH?

### *Das Detektivspiel*

Der Gastgeber verabredet sich vor Beginn der abendlichen Gesellschaft mit fünf Gästen, das Detektivspiel zu spielen. Diese fünf Spieler stellen fünf verschiedene Gegenstände dar, zum Beispiel der erste einen Schornstein, der zweite einen Bleistift, der dritte einen Vorhang, der vierte einen Apfel und der fünfte eine Schachtel Pralinen. Die übrigen Gäste bekommen (möglichst gleich nach ihrer Ankunft) die Aufgabe, sich von Gast zu Gast zum

»Schornstein« durchzufragen. Das muß so leise und unauffällig geschehen, daß außer den Beteiligten niemand merkt, wer den »Schornstein« verkörpert. Ist der »Schornstein« entdeckt, gibt er sich flüsternd zu erkennen und sagt dem Detektiv, er müsse nun nach einem »Bleistift« fahnden – und so weiter. Wer zuerst den fünften Gegenstand entdeckt, bekommt ihn – hier die Schachtel Pralinen – als Preis.

## *Zeig mir deine Farbe!*

Zwei Spielern wird ein farbiges Stück Papier (schwerer: eine Spielkarte oder eine ausgeschnittene Figur – Herz, Dreieck, Stern zum Beispiel) auf den Rücken geheftet. Sie stellen sich einander gegenüber auf und müssen herauszubekommen versuchen, was der andere auf dem Rücken hat, ohne dabei die Sicht auf den eigenen Rücken freizugeben. Das ist schwieriger, als es zunächst scheint. Die ungewollten Verrenkungen reizen jedenfalls zum Lachen. Berühren des Gegners verboten!

*Kindchen, sträube dich doch nicht so!*

## *Berühmte Leute*

Jeder Gast bekommt, für ihn unsichtbar, einen Zettel auf den Rücken geheftet, auf dem der Name einer mehr oder weniger berühmten Persönlichkeit steht. Im Gespräch mit den anderen Gästen muß er nun herausfinden, wer er ist, und zwar dürfen seine Fragen nur mit Ja oder Nein beantwortet werden. Wenn er herausgefunden hat, wie man ihn taufte, darf er sich einen neuen Zettel anheften lassen.

## *Schön war die Jugendzeit*

Bei diesem »Mixspiel« bedarf es einiger Vorbereitungen. Jeder Gast wird darum gebeten, ein Foto aus seiner Kinderzeit mitzu-

*Schön war die Jugendzeit. – Aber das Foto ist mir gar nicht ähnlich!*

bringen. Der Name darf nicht drunterstehen, notfalls muß man ihn überkleben.
Wer sein Bild »sträflicherweise« vergessen hat, wird dazu verdonnert, an Ort und Stelle eine Karikatur seiner selbst anzufertigen, die dann anstelle des Fotos genommen wird. Sämtliche Bilder legt man auf einem großen Tisch aus oder hängt sie an die Wand. Dort kann sich jeder eins aussuchen – fairerweise nicht gerade das eigene oder das der eigenen Frau – und durch Vergleiche und Gespräche festzustellen versuchen, zu welchem Gast das Foto oder die Zeichnung gehört. Wer damit zuerst fertig ist, bekommt einen Preis.

## BEWEGUNG MUSS SEIN

### *Das Ansichtskartenspiel*

Eine Menge Ansichtskarten – pro Gast mindestens zwei – werden jeweils einmal durchgeschnitten. Der Stoß der »linken« Hälften wird auf dem Tisch ausgebreitet, die anderen Hälften verteilt man malerisch im Zimmer – an allen möglichen und unmöglichen Stellen, aber immer so, daß man weder eine Treppenleiter noch ein Fernglas oder einen Geigerzähler braucht, um sie zu finden, also auf Bilderrahmen gesteckt, mit Tesafilm an die Schranktür geklebt, auf Sessellehnen gelegt oder an den Vorhang geheftet. Die Gäste dürfen sich vom Tisch je eine Kartenhälfte nehmen und müssen die dazu passende zweite Hälfte suchen. Wer damit fertig ist, kann sich eine neue »erste« Hälfte holen. Der Spieler mit den meisten vollständigen Karten hat gewonnen.

### *Das Zahlenspiel*

Jedem Mitspieler wird eine Zahl genannt, die er sich merken muß. Bei mehr als neun Spielern bekommt der Zehnte die Null, der Elfte wieder eine Eins – und so fort. Der Spielleiter beginnt nun mit einer fortlaufenden Erzählung, in der möglichst viele Zahlen vorkommen müssen. Beispiel: »Als ich am 3. Juni gegen elf Uhr auf der Bundesstraße 17 drei Kilometer weit gegangen war, sahen meine zwei Augen drei Jungen, die fünf oder sechs Schritte vor mir vier Mädchen nachliefen...« – wer seine Zahl nennen hört, muß rasch aufspringen und die Hand heben oder – wenn er den Einsatz verpaßt hat – ein Pfand zahlen. Bei Doppelziffern, zum Beispiel 24, müssen die Zwei und die Vier aufstehen. Der Spielleiter wird abgesetzt, wenn er Zahlen nennt, die sich nicht aus den Ziffern kombinieren lassen, die an die Spieler verteilt wurden – zum Beispiel die 44, wenn nur 13 Spieler teilnehmen.

### *Zahlenmystik*

Je nach der Zahl der Mitspieler stellt man 3 × 5, 3 × 6, 3 × 7 oder noch mehr Stühle in der Mitte des Raumes auf, und zwar in drei Reihen gegliedert. Die Spieler nehmen darauf Platz. Jeder von ihnen bekommt eine Nummer zugeteilt: Die drei Spieler auf den ersten drei Stühlen erhalten die Nummer 1, die auf den zweiten drei Stühlen Nummer 2 – und so weiter. Das Spiel ist nicht schwer. Die Nummern werden aufgerufen – und die entsprechenden Spieler laufen einmal um die Stuhlreihe herum, bis sie ihren Platz wieder erreicht haben. So ganz einfach ist die Sache aber doch wieder nicht, denn die Zahlen werden sozusagen »verschlüsselt« aufgerufen.

Beispiele:

1. Solo, einmalig, Elefantenrüssel, Junggeselle, Einsiedler
2. Duett, Paar, Zwilling, Brillengläser, Augen, Negerfüße, Doppel
3. Trio, Dreirad, Triangel, Dreieck, (Buchstabe) C, Trizonesien
4. Stuhlbeine, Quartett, Quarta, Quadrat, Vierling, Bilderecken
5. Quintett, Quinta, (Buchstabe) E, Fingerhandschuh
6. Doppeltes Dreieck, Sexta, Sextett, drei Zwillinge, halbes Dutzend

7. Weltwunder, Zwerge hinter Bergen, 10 minus 3, Wochentage, Septett
8. Oktave, Doppelquartett, Oktogon, 2 × 2 × 2, (Buchstabe) H, 16 Halbe

## WECHSELT DIE PLÄTZE!

### *Zublinzeln*

Dieses Spiel heißt auch Zwinker- oder Kokettierspiel. Die Damen sitzen im Kreis, hinter ihnen stehen die Herren (oder umgekehrt). Ein Stuhl ist unbesetzt. Auch hinter ihm steht ein Herr. Er versucht, durch unauffälliges Zublinzeln eine der sitzenden Damen auf sich aufmerksam zu machen. Beißt die Holde an, muß sie rasch aufspringen und sich auf den leeren Stuhl setzen. Nun ist der »treulos verlassene« Partner mit dem Blinzeln an der Reihe. Merkt ein Herr, daß seine Dame ausreißen will, darf er sie an den Schultern festhalten. Das Blinzelspiel eignet sich auch ausgezeichnet für Tanzpausen.

### *Der Lastträger*

Die Gesellschaft sitzt im Kreis. Einer der Spieler hat keinen Stuhl. Er wandert als »Lastträger« mit einem Bündel auf dem Rücken (zusammengeschnürte Decke, Schuhkarton o. dgl.) im Kreise herum. Hinter seinem Rücken wechseln seine Mitspieler die Plätze. Der Lastträger muß versuchen, sein Bündel auf einen der augenblicklich unbesetzten Stühle zu werfen. Gelingt ihm das, darf er den Platz besetzen und der »stehengebliebene« Spieler macht sich mit dem Bündel auf den Weg.

*Hinter Ihnen geht einer … Hinter Ihnen steht einer …*

## *Stuhljagd*

In der Mitte des Raumes werden Stühle zu einem Kreis aufgebaut, Sitzflächen nach außen gerichtet. Es müssen zwei Stühle weniger sein, als Teilnehmer da sind. Die Spieler marschieren zur Musik paarweise um den Stuhlkreis herum. Wenn die Musik aussetzt, versucht jeder einen Sitzplatz zu ergattern. Das übrigbleibende Paar scheidet aus. Bevor die zweite Runde beginnt, werden wieder zwei Stühle weggenommen – bis zum Schluß nur noch ein Siegerpaar übrigbleibt. Anstelle des Marsches um den Stuhlkreis kann man die Spieler auch herumtanzen lassen.

## *Die Königshochzeit*

Die Spieler sitzen in einem offenen Halbkreis. Jeder bekommt vom Spielleiter ein Hofamt oder einen fürstlichen Rang zugewiesen – zum Beispiel König, Königin, Stallmeister, Obergärtner, Mundschenk, Geheimsekretär, Kellermeister, Lakai, Gesellschaftsdame, Oberhofkoch, Kriegsminister, Flügeladjutant.
Der Spielleiter erzählt nun die Geschichte der *Königshochzeit* und nennt dabei möglichst häufig einen der verteilten Titel. Jedesmal, wenn jemand mit seinem Hoftitel genannt wird, steht er auf, macht eine gemessene Verbeugung und geht von seinem Platz zum rechten Flügel des Halbkreises. Alle Spieler rücken weiter und besetzen den freigewordenen Platz. Der Aufgerufene setzt sich auf den durch das Nachrücken freigewordenen Eckplatz des Halbkreises. Auf diese Weise wird die ganze Gesellschaft in lebhafter Bewegung gehalten.
Nennt der Spielleiter in seiner Geschichte einen Titel, den es gar nicht gibt, wird er zum Hofnarren befördert und gibt ein Pfand. Wer seinen Aufruf verschläft, muß ebenfalls ein Pfand ausliefern.

## *Reise durch die Geographie*

Alle Teilnehmer sitzen, bis auf den Spielleiter, der in der Mitte des Kreises steht und den Spielern Städtenamen gibt. Wenn jeder seinen Namen weiß, beginnt die Reise. »Ich reise von Amsterdam nach Bielefeld«, sagt der Spielleiter zum Beispiel.
Dann müssen die Spieler mit den Namen Amsterdam und Biele-

feld rasch ihre Plätze wechseln. Der Spielleiter versucht dabei, einen der freigewordenen Plätze zu ergattern. Wenn ihm das gelingt, tritt der übriggebliebene Spieler an seine Stelle und sagt die nächste Reise an.

### *Der Wirt ist nicht zu Hause*

Wiederum stehen mehrere Stühle im Kreis nebeneinander – für jeden Spieler einer, nur für den Spielleiter ist keiner da. Die Teilnehmer gehen außen um den Stuhlkreis herum und sagen: »Der Wirt ist nicht zu Hause, er ist zu einem Schmause, wenn er wird nach Hause kommen, wird er wohl geklingelt kommen.« Wurde dieser Satz zwei- oder dreimal aufgesagt, klingelt der Spielleiter mit einer kleinen Glocke. Aber der Umzug geht weiter. Wieder wird der Spruch vom Wirt, der nicht zu Hause ist, gesprochen. Irgendwann klingelt der Spielleiter zum zweitenmal, bald darauf zum drittenmal. Erst beim dritten Klingeln versucht jeder, einen Sitzplatz zu erobern, auch der Spielleiter, der natürlich unter den ersten ist, die einen Stuhl ergattern. Wer übrigbleibt, wird bei der zweiten Runde Spielleiter.

### *Russische Polonäse*

Die Stühle – einer weniger, als Spieler mitmachen – werden in einer langen Reihe aufgestellt, und zwar abwechselnd mit der Lehne oder dem Sitz nach vorne. Der Spielleiter wandert mit ei-

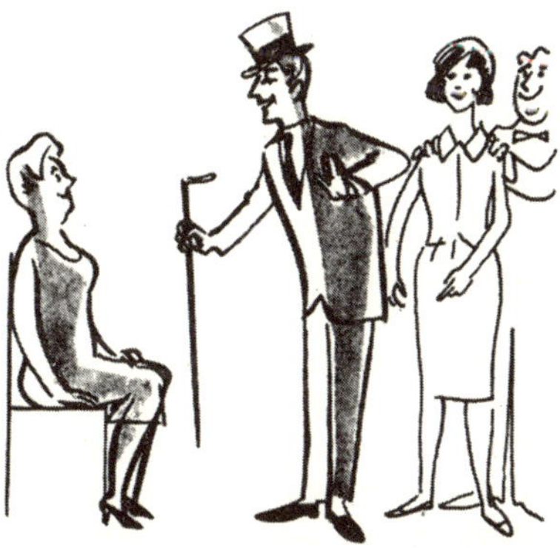

*Meine Verehrte, darf ich bitten?*

nem (Spazier-)Stock in der Hand im Zimmer herum und sucht die Paare der Polonäse aus. Vor jedem Teilnehmer, der sich ihm anschließen soll, klopft er einmal mit dem Stock auf den Fußboden. Ist die Reihe vollständig, dann wird sie zuerst ein paarmal kreuz und quer durchs Zimmer geführt. In der Nähe der Stuhlreihe klopft der Spielleiter schließlich zweimal kräftig mit dem Stock auf den Boden und setzt sich schnell auf den nächsten Stuhl. Die anderen Spieler suchen sich ebenfalls Sitzplätze, wobei es verboten ist, über die Stühle zu klettern oder sie beiseite zu schieben. Wer übrigbleibt, führt die nächste Polonäse an.

## *Der König ist nicht zu Hause*

Die Spieler sitzen auf ihren Plätzen und sind mit sehr ernsthaften Dingen beschäftigt – mit Lesen, Hobeln, Nähen, Sägen, Schreiben, Nageln, Nachdenken oder Schnitzen. In der Mitte des Zimmers steht, mit ein paar Requisiten würdig verkleidet, der »König«. Wenn alle Spieler voll beschäftigt sind, ruft er: »Der König ist nicht zu Hause!« Dann springen alle auf, laufen durcheinander, unterhalten sich und nehmen so lange nicht mehr vom König Notiz, bis er ruft: »Jetzt ist der König wieder zu Hause!« Auf diesen Ruf müssen die Spieler sich rasch einen Sitzplatz suchen und wieder mit der »Arbeit« beginnen. Wer als letzter seine Arbeit aufnimmt, wird neuer König oder zahlt ein Pfand.
Dieses Spiel geht angeblich auf König Friedrich II. von Dänemark zurück, der so die Hofgesellschaft von der Rücksichtnahme auf seine Person entband. Wenn die Majestät verkündete: »Der König ist nicht zu Hause!«, brauchten die Gäste sich nicht mehr um die strenge Hofetikette zu kümmern.

## *Der letzte Mohikaner*

Wer sich als erster für den Posten des »letzten Mohikaners« zur Verfügung stellt, braucht keine geborene Rothaut zu sein, muß aber ein bißchen vom Anschleichen verstehen. Die Spieler sitzen im Kreis mit den Lehnen nach innen. Alle haben Binden vor den Augen oder halten sich die Augen mit den Händen zu. Umdrehen zur Kreismitte ist verboten. Der »letzte Mohikaner« beschleicht einen der sitzenden Mitspieler und bemüht sich dabei, so leise wie möglich zu kriechen. Hört irgendein Spieler der Runde etwas von dem Anschleichenden, hebt er die Hand. Dann muß der »Mohikaner« zur Kreismitte zurück und von vorne beginnen. Wenn es ihm gelingt, einen Mitspieler so zu beschleichen, daß der nichts merkt, bevor ihm der »Mohikaner« die Hand auf die Schulter legt, muß der erfolgreich Beschlichene in den Kreis.

### *Gemeinsamkeiten ansagen*

Wenn eine Gesellschaft ein paar Stunden beisammen ist – gleichgültig, ob gespielt oder getanzt wird –, bilden sich automatisch Gruppen und Grüppchen, die der freien Entfaltung der Kräfte und der Geselligkeit abträglich sind. Der Spielleiter oder Tanzmeister gibt deshalb von vornherein bekannt, daß er hin und wieder Überraschungskommandos geben wird, die für Veränderungen der Mischung sorgen. Ob er von dieser Möglichkeit selten oder oft Gebrauch macht, hängt von der Zusammensetzung der Gästeschar ab. Und was er anordnet, ist wiederum Sache seiner Phantasie.

Ein paar Beispiele:

1. Alle Herren mit Krawattennadel tauschen die Plätze
2. Alle blonden Damen wandern nach rechts oder links einen Platz weiter
3. Alle Herren unter dreißig (fünfundzwanzig, zwanzig) tauschen die Plätze
4. Alle Damen, die eine Tante Emma haben, tauschen mit den Herren, die eine Tante Anna haben
5. Alle Herren, die schon einmal Kartoffeln gekocht haben, wechseln die Plätze
6. Alle Damen, die einen Kanarienvogel besitzen, wechseln die Plätze

Weitere Platzwechsel-Möglichkeiten muß man auf die Eigenart seiner Gäste abstimmen.

# Sport auch im Zimmer

# UND DAS IM ABENDKLEID?

Vor ein paar Jahren geriet der Verfasser der vorliegenden Sammlung benebst seiner dazugehörigen Ehefrau in ein Tanzfest, das im vornehmsten Hotel eines noch vornehmeren Kurortes zelebriert wurde. Für die Leitung der Veranstaltung war ein überaus sportlicher Meister des Berufstanzsportes zuständig, dem es einen Heidenspaß machte, die anfänglich recht steife Gesellschaft mit Hilfe überaus sportlicher Tanz- und Gesellschaftsspiele in Schwung zu bringen. Da gab es Wettrennen auf dem glatten Parkett, bei denen die Bleistiftabsätze der Damen fröhlich splitterten, Geschicklichkeitswettbewerbe für Herren, die Fräcke und Smokings für die chemische Reinigung reif machten, und Tänze über Stühle und Balken, die gänzlich unfotogene Verrenkungen erforderten. Höhepunkt der Veranstaltung war ein Hindernistanz, der im Kreise herumführte und bei dem die Paare pro Runde ein Hindernis in Form eines Hochsprunggestells zu nehmen hatten. Nach jedem Durchgang wurde die Latte ein bißchen höher gelegt. Und das im Abendkleid? Durchaus. Die Paare schieden reihenweise aus, und zum Schluß blieb ein Paar übrig, dessen männliche Hälfte ausreichend lange Beine hatte, während der weibliche Part sich kurz entschlossen dazu aufraffte, jeweils vor dem »Gang über die Hürde« den paillettenglitzernden Rock des Abendkleides kunstvoll in Form einer Trainingshose um die schlanken Gehwerkzeuge zu drapieren. So geht es natürlich auch, aber es geht nicht immer gut. Deshalb sei an dieser Stelle ein warnender Zeigefinger erhoben: Ein Spielabend ist keine »Surprise-Party«, und der Spaß an Überraschungen hört dort auf, wo das Spiel und seine Anforderungen an den guten Geschmack dem Mitspieler – und mehr noch der Mitspielerin – peinlich zu werden beginnen.

Aber das wissen Sie, verehrter Leser, natürlich längst. Deshalb erwarten Sie an dieser Stelle auch keine genaue Tabelle mit Angaben darüber, ob zum Fingerhakeln (Seite 38) braune oder sil-

*Nun, Herr Geheimrat, macht's Spaß?*

bergraue Elchlederhandschuhe passender wären oder ob es sich schickt, zum Schokolade-Wettessen (Seite 34) einen Hut aufzusetzen. Aber ein paar Worte müssen doch zur Frage »Und das im Abendkleid?« gesagt werden, als bescheidene Hilfestellung sozusagen. Um gleich bei der Überschrift zu bleiben: Das Abendkleid paßt selbstverständlich zu allen Tanzspielen. Praktischer ist ein Cocktailkleid, wenn nicht nur getanzt, sondern auch gespielt werden soll, und es kann gar nicht schaden, wenn Sie Ihre Gäste vorher diskret darauf hinweisen, was Sie von der Bekleidungsfrage im Zusammenhang mit Ihren Spielplänen halten. Wie weit man bei einer Gesellschaft in Frack und Abendkleid mit seinem Spielprogramm gehen kann, muß im übrigen nicht unbedingt zur Grundlage einer Doktorarbeit gemacht werden. Meistens löst sich diese Frage in der Praxis von selbst. Sie sollten auf alle Fälle nicht den Fehler machen, dem Spielvergnügen aus Übervorsicht zu enge Fesseln anzulegen. Wichtiger ist es – und das gilt für alle Arten von Spielen –, daß es Ihnen gelingt, Ihre Gäste ohne Rücksicht auf deren feierlich-steifes Äußeres in Schwung zu bringen.

Noch einmal zusammengefaßt: Lieber kein Abendkleid – aber wenn schon, dann nicht darüber stolpern und trotzdem spielen.

Das andere Extrem in der Skala der Spielbekleidung: Was trägt die gut gekleidete Dame, was der bessere Herr (bitte nicht lachen!) beim Spiel im Garten und auf der Terrasse? Manchmal bekommt man in einem alten Buch oder einer vergilbten Zeitschrift eine Zeichnung zu sehen, auf der Damen in lang herabwallenden Gewändern sich am Tennisspiel delektieren. So bitte nicht! Wer *draußen* herumtoben will, soll sich auch danach anziehen. Da ohnedies nur in der warmen Jahreszeit im Freien gespielt wird, dürfen die Herren ruhig Rock und Krawatte ablegen. Die Damen wissen auch ohne Hinweise, was ihnen bei Freiluftbeleuchtung am besten steht und was notfalls auch einen Grasfleck vertragen kann. Daß Schuhe mit Bleistiftabsätzen nicht die richtige Garten-Fußbekleidung sind, meint der Chronist dagegen ausdrücklich hervorheben zu müssen. Sie sind auch dann unpassend, wenn man großzügig auf Hahnenkampf (Seite 176) und Sackhüpfen (Seite 173) verzichtet.

Was für den Garten richtig ist, kann auch für die Bewegungsspiele im Zimmer nicht verkehrt sein. Singen, Raten, Schreiben und Zeichnen sind dagegen spielerische Betätigungen, die im Sitzen ausgeübt werden können, weswegen hier jede Anzugordnung überflüssig wäre.

Abgesehen davon hat der Verfasser, durch langjährige eigene Erfahrungen gewitzt, auf fast alle jene Spiele verzichtet, in denen jemand eine Schüssel Wasser über den Anzug gegossen bekommt, seine Finger in Ruß baden oder sein Gesicht in Mehl tauchen muß. Auch hält er nicht viel davon, seine Spielpartner in die Luft zu sprengen, Abhänge hinunter schlittern zu lassen oder mit spitzen Pfeilen zu beschießen, auch wenn das Fernsehen sich darum bemüht hat, derlei Spielereien populär zu machen. Deshalb ist die ganze Anzugfrage, mit Verlaub, bei diesem Bändchen gar nicht so furchtbar ernst zu nehmen.

## PANTOMIMISCHE GYMNASTIK

### *Tante Jo macht immer so*

Die Gäste sitzen im Kreis auf Stühlen, und der Spielleiter eröffnet das Spiel, indem er seinen rechten Nachbar fragt: »Kennen Sie Tante Jo?« Diese Frage wird natürlich verneint. Der Spielleiter fährt fort: »Tante Jo macht immer so!« Dabei hebt er die Hand und droht dem Stuhlnachbar mit dem Zeigefinger. Der Nachbar gibt die Frage nach rechts weiter, und das wiederholt sich, bis die ganze Gesellschaft zeigefingerwackelnd dasitzt. Nun gibt der Spielleiter eine weitere Eigenart seiner Tante Jo bekannt – zum Beispiel Kopfschütteln, Augenzwinkern, Zähneknirschen, Fußwippen, oder dergleichen. Jede Bewegung kommt zu der vorhergehenden dazu – bis schließlich die ganze Spielgesellschaft nickend, drohend, wippend, winkend und zappelnd beschäftigt ist und das Spiel sich in Gelächter auflöst.

## *Der Mufti*

Der Spielleiter hat sich für dieses sehr alte Spiel mit einem Handtuch-Turban und einem dünnen Bärtchen verkleidet. Er stellt sich in die Mitte des Spielerkreises und macht allerlei fürchterliche Verrenkungen, Grimassen, Freiübungen und Gesten. Sobald er dabei »Mufti« ruft, müssen die anderen ihm alles nachmachen. Schreit er dagegen »Nachmachen!«, darf sich kein Spieler rühren. Das Mufti-Spiel muß sehr flott gespielt werden. Wer schläft oder patzt, zahlt ein Pfand.

*Und nun, meine Damen und Herren, Muftis Morgengymnastik!*

## *Kommando Pimperle*

Die Spieler sitzen um einen großen Tisch. Der Spielleiter hat das Kommando, was bei diesem Spiel ganz wörtlich zu nehmen ist. Wenn er etwas anordnet, muß er nämlich vorher »Kommando« sagen. Läßt er dieses Wort weg, darf der Befehl nicht ausgeführt werden. Wer patzt, zahlt ein Pfand. – »Kommando Pimperle« bedeutet, daß alle Spieler mit den vorgestreckten Zeigefingern auf die Tischkante trommeln müssen. Nach einer Weile folgt »Kommando Hoch« (die Hände werden hochkant, kleine Finger nach unten, auf den Tisch gesetzt) oder »Kommando Flach« (dabei werden die Hände flach auf den Tisch gelegt). Außerdem gibt es noch »Kommando Faust«, wobei die Fäuste auf den Tisch gehören, und »Kommando Turm«: Beide Hände bilden Krallen, die mit den Fingerkuppen auf den Tisch gesetzt werden. – »Kommando Pimperle« muß flott gespielt werden, es eignet sich für alle Altersklassen.

## *Kork-Kegeln*

In der Mitte des Zimmers wird mit Kreide ein Kreis von etwa fünfzig Zentimeter Durchmesser auf den Fußboden gezeichnet. In die Mitte des Kreises legt man einen Sektkorken oder einen anderen, möglichst ähnlich großen Korken. Die Spieler bilden zwei Gruppen, die sich auf zwei gegenüberliegenden Seiten des Kreises aufstellen, möglichst weit vom Korken entfernt. Jede Gruppe versucht nun, den Korken mit Hilfe eines Tennisballs auf der Seite der Gegenpartei aus dem Kreis hinauszutreiben. Der Ball darf gerollt oder auch vorsichtig geworfen werden. Bei stark glashaltigen Wohnungen empfiehlt es sich, die Wurftechnik genau vorzuschreiben. Das Spiel dauert so lange, bis es einer Gruppe gelungen ist, den Korken fünfmal in das Feld der Gegenpartei zu treiben.

## *In die Röhre gucken*

Dieses Spiel kam über die Fernsehreihe »Nur nicht nervös werden« nach Deutschland. Man braucht als Zubehör neben einem Eimer oder Papierkorb ein paar harte kleine Bälle und ein »Ofenrohr«, Durchmesser etwa zehn bis zwölf Zentimeter, ungefähr anderthalb Meter lang, das sich auch aus starkem Karton wickeln und zusammenkleben läßt. Der Spieler hält das Rohr unter dem rechten Arm. Sein Partner steht in fünf bis sechs Metern Entfernung und wirft mit den Bällen auf die Rohröffnung. Der Spieler muß versuchen, innerhalb von zwei Minuten nacheinander mindestens drei Bälle mit dem Rohr aufzufangen, zum Eimer oder Korb zu laufen, der auf der Mitte zwischen Spieler und Partner steht, und den Ball dort abzuladen. Das Rohr muß also so gehal-

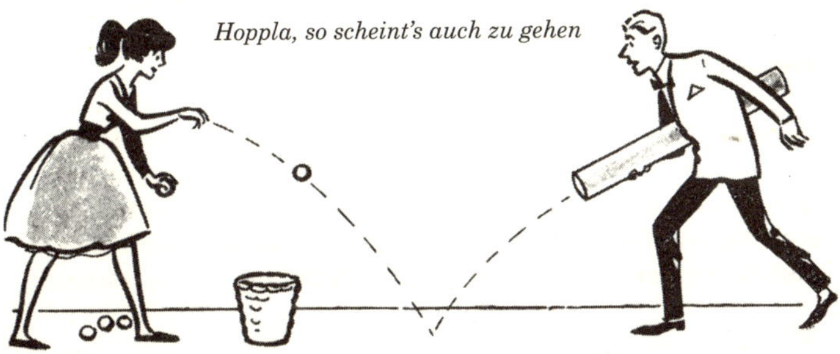

*Hoppla, so scheint's auch zu gehen*

ten werden, daß der Ball nicht vorne hineinfliegen und hinten sofort wieder herausfallen kann, was sich durch den richtigen »Anstellwinkel« und vorsichtige Schaukelbewegungen erreichen läßt.

### *Ballblasen*

Im Zimmer wird eine drei oder vier Meter lange Rennbahn freigemacht. Drei Spieler gehen in Hockstellung oder auf allen vieren an den Start. Jeder bekommt einen Tischtennisball, den er ins Ziel blasen muß – eifrig hinterher kriechend. Die Hände dürfen nicht zu Hilfe genommen werden.

### *Fuß-Ball*

Anmerkung für den Setzer und den »ernsthaften« Leser: Der Bindestrich gehört wirklich zwischen »Fuß« und »Ball«, denn dieses Spiel hat zwar mit Füßen und einem Ball etwas zu tun, aber nichts mit Fußball. Die Spieler sitzen einander in zwei Stuhlreihen gegenüber. Der »Kopf« jeder Gruppe bekommt einen Tennisball – einen richtigen, mit einem Tischtennisball klappt die Sache nicht. Aufgabe: Der Ball soll von Fußpaar zu Fußpaar weiterwandern, bis er das Ende der Reihe erreicht hat, ohne von der Oberseite der Schuhe zu rollen und auf den Boden zu fallen.

*Hoppla, ob diese Scherben wohl Glück bringen? Kaum! Unsere »Fuß-Ballspiele« sind ungefährlicher!*

### *Tischfußball*

An dieser Bezeichnung stimmt nur der Tisch. Von einem Fußball kann nicht die Rede sein, von einem Fuß schon gar nicht. – Auf die Tischplatte wird ein Spielfeld gezeichnet: Umgrenzung, Mittellinie, zwei Tore. Gespielt wird mit einem Tischtennisball, der von den Spielern mit Hilfe von Trinkstrohhalmen vorwärts geblasen werden muß. Nur die beiden Torhüter dürfen den Ball mit ihren Halmen berühren, wenn er sich dem Tor bis auf zehn Zentimeter genähert hat. Bei den anderen Spielern ist Blasen unabdingbare Vorschrift, Ballberührung mit dem Strohhalm verboten.

### *Zimmerhandball*

Bei diesem Wettkampf sitzen die Spieler einander in zwei Reihen gegenüber. Jede Gruppe bekommt einen aufgeblasenen Luftballon und muß versuchen, ihn über die Köpfe (und erhobenen, abwehrenden Arme) der Gegenpartei hinweg ins »Aus« zu schlagen. Jede Berührung des Ballons mit dem Fußboden hinter dem Rücken der Gegenpartei gilt als Tor. Da beide Gruppen gleichzeitig angreifen und abwehren müssen, geht es bei diesem Spiel turbulent zu. Es ist verboten, vom Stuhl aufzustehen, den Ballon der Gegenpartei zum Platzen zu bringen und mit dem eigenen Ballon auf den der anderen Gruppe zu werfen. Das Torverhältnis entscheidet über den Sieg.

### *Ballonrennen*

Die Spieler stehen in zwei Reihen nebeneinander. Die beiden ersten Wettkämpfer bekommen je einen Luftballon, müssen ihn rasch aufblasen, verknoten und dann nach hinten an den nächsten Spieler weitergeben. Die Ballons wandern über den Köpfen bis zum letzten Spieler. Der läuft mit dem Ballon an den Kopf der Reihe, und das Spiel geht nach dem gleichen Schema weiter, wobei nur die Aufblas-Zeremonie wegfällt. Die Gruppe, deren Spieler zuerst mit dem einmaligen Platzwechsel fertig sind, hat gewonnen. Zur Abwechslung kann man den Ballon auch durch die gegrätschten Beine nach hinten durchgeben. (Damen mit engen Röcken werden freilich etwas Mühe haben.)

### *Ballontreiben*

An Requisiten verlangt dieses Spiel einen großen Papierkorb, eine Hutschachtel oder einen Karton, außerdem einen gut aufgeblasenen Luftballon und ein halbmeterlanges Stöckchen. Die Schachtel steht in der Mitte des Raumes, und das Opfer muß versuchen, den Ballon mit Hilfe des Stöckchens in den Behälter zu treiben. Es ist verboten, den Ballon mit Händen oder Füßen in Bewegung zu halten, dagegen darf er zwischendurch, wenn man das Spiel nicht zu schwer machen will, den Fußboden berühren.

## *Ballonköpfen*

Bis zu fünf Spieler stellen sich an einem Ende des Zimmers oder Flurs auf. Jeder bekommt einen Luftballon und muß ihn ohne Zuhilfenahme der Hände durch das ganze Zimmer bis zu einem durch Stühle oder einen Kreidestrich markierten Ziel köpfen. Wer den Ballon unterwegs verliert (Bodenberührung!), muß von vorne anfangen.

*Bravo, gnädige Frau! Wie der Rechtsaußen von Kickers!*

## *Ballonaufblasen*

Es gibt verschiedene Möglichkeiten, aus dem Ballonaufblasen ein Spiel zu machen, das spannend und interessant abläuft. Ein paar Beispiele:

a) Gewonnen hat, wer seinen Ballon als erster zum Platzen bringt – und zwar ohne Zuhilfenahme einer Stecknadel oder der Fingernägel, nur mit Hilfe der Atemluft
b) Sieger ist, wer mit fünf kräftigen Atemzügen den größten Ballon zustande bringt
c) Abwandlung zu b): Zwischen dem dritten und vierten Atemzug muß jeder Mitspieler ein Glas Wasser oder Limonade austrinken
d) Zum besten Ballonaufblaser wird ernannt, wem es gelingt, auf einem Bein durchs Zimmer hüpfend innerhalb von sechzig Sekunden den größten Ballon zustande zu bringen.
e) Für ganz große Könner: Meister ist, wer zwei Ballons am schnellsten aufblasen kann – und zwar, indem er abwechselnd in diesen und jenen Ballon pustet.

# GESCHICKLICHKEIT GEHÖRT DAZU

## *Die Bleistift-Stafette*

Die Spieler sitzen im Kreis oder in einer langen Reihe. Der erste hält in jeder Hand einen Bleistift. Über diese beiden Stifte wurde ein dritter Bleistift gelegt, und zwar ungefähr in deren Mitte. Der Nachbar muß nun die beiden Bleistifte am anderen Ende ergreifen, ohne daß der mittlere Stift herunterfällt, und auf gleiche Weise weitergeben.

## *Schwedisches Scheibenschießen*

Keine Angst, für dieses Spiel braucht man weder eine Schußwaffe noch einen Schießstand, sondern nur ein Stück Papier, auf das zwei Kreise mit gleichem Mittelpunkt gemalt wurden. Diese Schießscheibe wird an der Tür oder einer Wand etwa in Schulterhöhe befestigt. Der erste »Schütze« stellt sich vier bis fünf Meter davor auf, visiert das Ziel mit ausgestrecktem Arm und Zeigefinger an, bekommt die Augen verbunden und muß nun – möglichst langsam – auf die Scheibe losgehen. Drei Versuche sind gestattet. Häufig werden alle drei »Fahrkarten«.

Eine Abart dieses Spieles: Auf eine leere Flasche, die auf dem Tisch steht, legt man zwei Streichholzschachteln. Die Schützen müssen aus einer Entfernung von drei bis vier Metern mit ausgestrecktem Arm und Zeigefinger – diesmal mit unverbundenen Augen – schnell auf die Streichholzschachteln zugehen und »im ersten Anlauf« versuchen, sie herunterzuwerfen. Das ist schwerer, als es auf den ersten Blick aussieht. Lustig ist es auch, wenn zwei Spieler versuchen, mit ausgestreckten Zeigefingern aufeinanderzutreffen.

*Herr Generaldirektor, wo bleibt die Zielstrebigkeit?*

*Aber mein Herr, Haltung müssen Sie bewahren!*

## *Mannequinschule*

Es geht die Sage, daß berufsmäßige Mannequins zur Verbesserung ihrer Körperhaltung hin und wieder mit einem oder mehreren Büchern auf dem Kopf im Zimmer herumzuspazieren pflegen. Dieses Spiel lehnt sich eng an die Methode »Mannequinschule« an, nur daß hier auch die Herren mitmachen dürfen. In der ersten Runde marschieren vier Spieler mit je einem Buch auf dem Kopf quer durch den Raum. Wer zuletzt an der gegenüberliegenden Wand ankommt oder das Buch verliert, scheidet aus. Die drei anderen bekommen je zwei Bücher aufgepackt. Nach diesem Schema und mit mehreren Ausscheidungs-Gruppen kann man so lange weiterspielen, bis der beste Buch-Balancierer ermittelt ist.

## *Der Ariadnefaden*

Für jeden Mitspieler braucht man einen Knäuel Wolle. Die Wollfäden werden abgespult und quer durch das Zimmer gespannt – zur Erschwerung kann man sie auch durch mehrere Zimmer, um Möbelstücke herum, unter dem Tisch hindurch und über die Hängelampe ziehen. Wichtig ist, daß alle Fäden ungefähr gleichlang sind. Die »Opfer« bekommen das eine Ende ihres Fadens in die Hand und beginnen auf Kommando, den Faden zu einem Knäuel aufzurollen. Wer zuerst damit fertig wird, ist Sieger.

*Das Bohnenspiel*

An etwa dreißig Stellen im Zimmer werden Bohnen, Spielmarken oder ähnliche Gegenstände ausgelegt, und zwar jedesmal nur ein Gegenstand an einer Stelle. Die Spieler, die beim Verteilen nicht zusehen dürfen, werden in zwei Gruppen mit je einem Spielleiter aufgeteilt. Sie müssen nun nach den Gegenständen, die ohne große Mühe zu finden sein sollen, suchen; dürfen aber die gefundenen Bohnen oder Spielmarken auf keinen Fall berühren. Vielmehr haben sie so lange davor stehenzubleiben, bis »ihr« Spielleiter kommt und die Gegenstände einsammelt. Die Gruppe mit der größten »Beute« hat gewonnen.

*Flaschenangeln*

Für dieses Spiel braucht man eine leere Flasche und einen Spazier- oder sonstigen Stock, ein Stück Bindfaden und einen Gardinenring, der bequem über den Flaschenhals passen muß. Der Ring wird so an das eine Stockende gebunden, daß zwanzig bis dreißig Zentimeter Schnur zwischen Ring und Stock bleiben. Der Spieler bekommt die Aufgabe, den Ring durch geschickte Schlenkerbewegungen über den Flaschenhals zu legen. Die Flasche darf dabei nicht umfallen. Es ist nicht verboten, eine volle Flasche zu nehmen und sie dem glücklichsten Angler als Preis zu stiften. (Bei Autofahrern sollte der Gastgeber darauf achten, daß die Flasche auch weiterhin verkorkt bleibt. »Schlangenfahren« ist ja, im Gegensatz zum »Schlangenschnitt« – siehe Seite 34 –, unerwünscht.)

*Ob mein Mann mehr Geschick im Flaschenangeln hat?*

*Schlangenschnitt*

Über eine in Kopfhöhe quer durch das Zimmer gespannte Schnur hängt man pro Spieler – in diesem Fall sollten sich die Damen opfern – ein genau abgemessenes, drei bis vier Meter langes Stück Luftschlange. Die Schlangenschneider werden mit Scheren ausgerüstet und müssen nach dem »Startschuß« damit beginnen, ihre Schlange der Länge nach zu zerschneiden, also zwei Luftschlangen von halber Breite daraus zu machen. Wer zuerst fertig ist, hat gewonnen – und wer aus der Richtung kommt und »Schlangensalat« schnippelt, scheidet aus.

*Gewürfelte Schokolade*

Die Spieler sitzen um einen großen Tisch und würfeln. An der Stirnseite des Tisches steht ein Teller mit einer ausgepackten, aber nicht zerbrochenen Tafel Schokolade. Daneben liegen Messer und Gabel, sorgfältig in eine große weiße Serviette verpackt, und ein Paar Handschuhe. Wer eine Sechs würfelt (oder eine andere, vorher vereinbarte Augenzahl) flitzt um den Tisch herum an den »Eßplatz«, setzt sich hin, zieht die Handschuhe an, wickelt das Eßbesteck aus, bindet sich die Serviette um und beginnt – selbstredend mit Messer und Gabel – Schokolade zu essen. Nach einer Minute wird weitergewürfelt. Sobald die nächste Sechs gefallen ist, muß der Esser sich wieder »abtakeln« und den Eßplatz in den ursprünglichen Zustand versetzen; der nächste Schokolade-Würfler kommt an die Reihe. Wer sich nicht beeilt, kann das Pech haben, daß er gar nicht erst zum Schokolade-Probieren kommt.

## AUF ALLEN VIEREN

*Schiffsrennen*

Der Gastgeber bereitet für jeden Spieler ein kleines, aus einem halben Zeitungspapierbogen gefaltetes Schiffchen vor, außerdem müssen für alle Teilnehmer – immer vier oder fünf auf einmal – Kartonstücke in der Größe normalen Briefpapiers bereitliegen. Tisch und Stühle werden beiseite geräumt, auch der Teppich muß verschwinden, damit der (möglichst glatte) Fußboden zum Vorschein kommt. An einer Startlinie werden die Schiffchen aufgestellt. Dann nimmt jeder sein Kartonblatt und wedelt damit so kräftig hinter dem Schiff in der Luft herum, daß es sich in Bewegung setzt. Wer zuerst am Ziel anlangt, wird zum Kapitänleutnant e. h. ernannt. Verboten ist es selbstverständlich, die Fortbewegung des Schiffes durch einen (mehr oder weniger unauffälligen) Schlag mit dem Kartonbogen zu beschleunigen. Wer das tut, hätte einmal Kielholen verdient und wird dazu verdonnert, sein Schiff ohne Karton vorwärts zu blasen, wobei er sich auf den Bauch legen muß.

### *Kreuzchen suchen*

Die Spieler sitzen im Kreis. Einer läßt sich die Augen verbinden, bekommt ein Stück Kreide in die Hand gedrückt und muß nach dem dritten, fünften und siebenten Schritt oder Kriecher ein Kreuzchen auf den Boden malen. Am Ende der Strecke kehrt er um, krabbelt zurück und versucht nun, um jedes Kreuz einen Kreis zu malen. Wer schielt oder sonstwie schummelt, scheidet aus und muß ganz zum Schluß die »Gemälde« wieder löschen. Die besten Malkünstler bekommen Preise.

### *Die Uhrenfahndung*

Einem Spieler werden die Augen verbunden. Er muß sich in der Mitte des Spielerkreises auf den Boden knien und versuchen, eine zwei bis drei Meter von ihm entfernt hingelegte Uhr zu finden. Die Hände dürfen dabei nicht benutzt werden. Zu diesem Spiel gehören äußerste Ruhe der Mitspieler und Findigkeit des Uhrenfahnders, der sein Ziel rasch erreichen wird, wenn er auf den Gedanken kommt, am Fußboden zu horchen.

*Irgendwo tickt es doch!?*

### *Hut- und Handschuhrennen*

Die Spieler werden auf zwei gleichlange Stuhlreihen verteilt. Die beiden vorn sitzenden Mitwirkenden bekommen zur gleichen Zeit je einen Hut, ein Paar Handschuhe und einen Schal in die Hand gedrückt, müssen sich damit so schnell wie möglich »ausgehfertig« machen, einmal um die Stuhlreihe herumlaufen und die Requisiten an den zweiten Spieler weitergeben, der nun dasselbe Spiel beginnt. Der Spielleiter achtet darauf, daß Schal und Handschuhe noch im Sitzen und vorschriftsmäßig angezogen werden und daß das Anziehen nicht schon »auf der Strecke« beginnt.

*Oh, ich armes Baby*

### *Baby muß ins Bett*

Die »Wettkämpfer« sitzen auf Stühlen, die zu zwei gleichlangen Reihen formiert wurden. An einem Ende der Stuhlreihen, zwei bis drei Meter entfernt, steht ein Tisch mit je zwei Kerzen, gefüllten Streichholzschachteln und »Babys« – letztere durch Puppen, Stofftiere oder Kissen markiert. Die beiden ersten Mitspieler springen auf ein Kommando des Spielleiters auf, laufen zum Tisch, zünden die Kerzen an, nehmen die »Babys« auf den Arm und die Kerzen in die Hand, laufen einmal um die Stuhlreihen herum, wobei die Kerzen nicht ausgehen dürfen, legen das Baby wieder auf den Tisch, stellen die Kerzen hin und blasen sie aus. Dann flitzen sie wieder auf ihren Platz, und die nächsten beiden Spieler laufen los. Die schnellste Gruppe bekommt ein Diplom für vorbildliche Säuglingspflege.

### *Kellnerlaufen*

Drei Spieler werden mit Tellern oder Tabletts ausgerüstet, auf denen gefüllte Wassergläser stehen, und müssen eine im Zimmer abgesteckte »Rennstrecke« zurücklegen, ohne einen Tropfen zu verschütten. Bei einer größeren Gesellschaft ist es besser, wenn man Kunststoffbecher nimmt, weil das Zusammenkehren der Glasscherben zuviel Zeit in Anspruch nimmt.

### *Kartoffellesen*

Mehr als drei Spieler pro Runde sollten sich nicht an diesem Spiel beteiligen, weil es ziemlich viel Platz erfordert. Den »Opfern« (vorzugsweise Herren) werden die Augen verbunden. An ihrem Startplatz steht jeweils ein (Schuh-)Karton oder eine leere Schüssel; vor ihnen sind je Spieler vier Kartoffeln im Abstand von ein bis zwei Metern in einer Reihe ausgelegt. Die Kartoffelreihen müssen mindestens anderthalb Meter voneinander entfernt sein, damit sich die Spieler nicht ins Gehege kommen. Sie sollen nämlich, gleichzeitig startend, die erste Kartoffel ihrer Reihe gebückt gehend oder auch kriechend ertasten, zur Schüssel zurückgehen, die Kartoffel dort ablegen, die zweite Kartoffel suchen – und so weiter. Die Zuschauer dürfen keine Hilfen geben. Erlaubt ist dagegen pro Spieler ein »Einweiser«, der beim Endkampf um die vierte Kartoffel kleine Zuruf-Hilfen gibt.

### *Spurt mit Unterlage*

Im Zimmer oder auf der Terrasse wird eine »Rennstrecke« abgesteckt, die zwischen fünf und acht Meter lang sein sollte. Die »Läufer« bekommen die Aufgabe, den Boden nicht zu betreten: es muß jedesmal ein Stück Zeitungs- oder Packpapier zwischen Fuß und Boden liegen. Entsprechende Blätter, für jeden Spieler zwei, sind vorzubereiten. Beim Start steht der Spieler mit jedem Fuß auf einem solchen Blatt, hebt nach dem Anfangskommando einen Fuß hoch, schiebt das Blatt ein Stück weiter, wiederholt diese Prozedur mit dem anderen Fuß – und so fort. Ganz Raffinierte fassen die Blätter gebückt mit den Händen und machen einen »fließenden« Vorgang aus dieser Fortbewegungsart.

### *Für Leute mit Zeitgefühl*

Wie lang sind zwei Minuten? Es geht darum, innerhalb dieser Zeitspanne von einer Zimmerwand zur gegenüberliegenden zu gehen, und zwar darf keiner der Mitspieler stehenbleiben, er muß sich die ganze Zeit über in Bewegung befinden. Verstohlene Blicke auf die Armbanduhr sind verboten. Wer genau nach 120 Sekunden an der Zielwand anschlägt, hat gewonnen. – Dieses Spiel kann man auch im Freien spielen – dann aber mit einer Distanz von dreißig oder fünfzig Metern.

## KAMPF UM JEDEN PREIS

### *Fingerdreschen*

Die Teilnehmer sitzen einander in zwei Reihen gegenüber. Die Spieler der einen Partei halten Zeige- und Mittelfinger (Innenseite nach oben!) ausgestreckt hin, die Mitglieder der anderen Gruppe schlagen mit den gleichen Fingern (beide Male rechte Hand!) zu. Ausweichen ist erlaubt. Nach jedem »Gang« wird aufgeschrieben, wie viele Treffer die »schlagende« Partei erzielt hat. Dann kommt die »geschlagene« Gruppe mit dem Zuhauen an die Reihe. (Auch als Zweikampfspiel wie Fingerhakeln, siehe nächstes Spiel, geeignet).

### *Fingerhakeln*

Zwei Wettkämpfer nehmen einander gegenüber an einem (möglichst stabilen) Tisch Platz, verhaken die Mittelfinger ihrer rechten Hände miteinander, und schon kann das Lieblingsspiel der Holzknechte aus dem Bayerischen Wald beginnen. Jeder von beiden versucht, seinen Gegner über den Tisch zu ziehen. Dabei ist es verboten, die linke Hand zu Hilfe zu nehmen. Aufstehen ist erlaubt. Sieger ist, wer die verhakten Hände deutlich auf seine Tischhälfte herübergezogen hat.

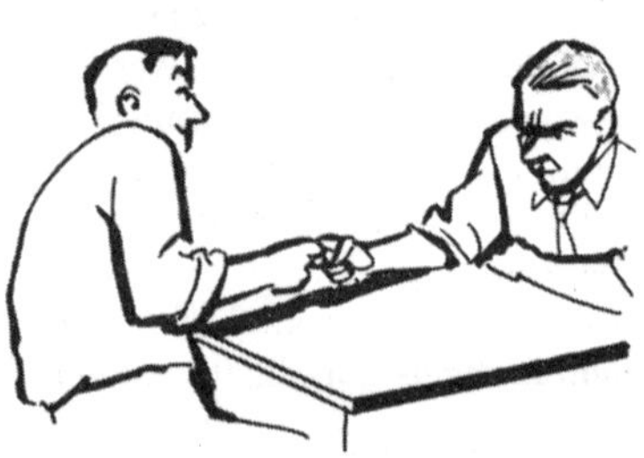

*Hau ruck! Wieder ein Millimeter mehr…*

*Kartoffelduell*

Zwei Spieler treten in den Kreis der Zuschauer oder neben den Tisch. Jeder von ihnen ist mit zwei Suppenlöffeln ausgerüstet: einen davon in der rechten Hand – auf ihm liegt eine Kartoffel oder ein Tischtennisball –, den anderen als »Waffe« in der linken Hand. Mit dem leeren Löffel müssen die Duellanten versuchen, die Kartoffel vom Löffel des Gegners herunterzuwerfen. Dabei sind alle Finten und Ausweichbewegungen erlaubt. Wer seine Kartoffel ohne Zutun des Gegners verliert, hat ebenso verloren wie der Spieler, dem der Duellpartner die Kartoffel herunterwerfen konnte. (Leicht erzürnbare Gemüter, die dazu neigen, dem Gegner auf die Finger zu schlagen, sollten sich an diesem Spiel nicht beteiligen. Blaugeschlagene Finger schaden der Geselligkeit!)

*Der Zug zum Kissen*

Die Mitspieler – zwischen acht und zwölf nach Möglichkeit – bilden einen Kreis, in dessen Mitte ein Kissen liegt, und fassen sich an den Händen. Jeder versucht nun, seinen Nachbarn so zur Mitte des Kreises zu ziehen, daß jener das Kissen berühren muß. Wer dieses Pech hat, weil es ihm auch in letzter Sekunde durch einen Luftsprung nicht mehr gelungen ist, der Kissengefahr auszuweichen, scheidet aus oder bekommt einen Minuspunkt angekreidet. – Dieses Spiel läßt sich auch im Garten durchführen, wo an die Stelle des Kissens ein großer Ball oder ein leerer Karton treten sollte.

*Herr im Haus*

Ein Kreis mit einem Durchmesser von etwa zwei Metern wird auf den Fußboden gemalt. In dieses »Haus« stellen sich alle Spielteilnehmer, bis das Gebäude wegen Überfüllung geschlossen werden muß. Nun versucht jeder Hausbewohner, die anderen ohne Zuhilfenahme eines polizeilichen Räumungsbefehls aus dem Kreis zu drängen. Wer auch nur einen Fuß auf den Boden außerhalb des Kreises setzt, muß »ausziehen«. Von draußen kann er, niedrigen Rachegelüsten nachgebend, weitere Hausbewohner aus dem Kreis ziehen. Wer zum Schluß allein im Kreis übrigbleibt, ist der Herr im Haus.

# Die ganze Welt tanzt

# ANDERE ZEITEN, ANDERE SITTEN...

»O der unnennbaren Seligkeit / Unter dem Hörnergetön / Treulich in süßer Umschlungenheit / Sich wie die Sphären zu drehn!« dichtete Johann Christoph Friedrich Haug vor 170 Jahren. Heute heißt das viel prägnanter: »Baby, o Baby, komm tanz mit mir!« Hält man sich den Unterschied vor Augen, dann braucht man sich nicht über die geringschätzige Meinung der Kulturkritiker über den heutigen Tanz zu wundern. Sie behaupten nämlich, das Verschwinden des Reigen- und Figurentanzes und der Übergang zum »paarweisen Geschiebe« müsse als eklatanter Kulturverfall gewertet werden. Es mag was dran sein. Aber der Tanz war schon zu allen Zeiten und ist auch heute noch eine Art Ausdruck der jeweiligen Epoche. Andere Zeiten – andere Tänze. Als in der Jugend unserer Urgroßmütter der Walzer aufkam, hielt man ihn für eine höchst verdammenswerte und unanständige Angelegenheit. Was hätten die Kritiker von damals erst zu einem zünftigen Rock 'n' Roll mit »Überheber« und anderen Schikanen gesagt?
Was unsere Großeltern noch für aufregend und spannend hielten, hat inzwischen den Staub der Jahrzehnte angesetzt und ist nicht mehr aktuell. Oder haben Sie, von einem Kostümfest oder einer Fernsehübertragung des Wiener Opernballs abgesehen, schon einmal eine richtige »Quadrille à la cour« miterlebt? Mit einem weiß behandschuhten Tanzmeister, der die »Tour de main«, die »Révérence« und die »Moulinets des dames« ansagt? Daß Sie selbst schon eine »Française« mitgetanzt haben könnten, wage ich schon gar nicht zu hoffen. Dabei sind die alten französischen Tänze den modernen »Bewegungsübungen« auf dem überfüllten Parkett an Eleganz und Anmut weit überlegen. Eigentlich ist es schade, daß sie mit ihrer Zeit vergessen wurden und vergingen. Heute werden sie nur noch selten aus dem Tanz-Museum ans Tageslicht geholt.
Was für eine Rolle spielt der Tanz bei anderen Völkern? Die Neger zum Beispiel tanzen selten zum Vergnügen. Ihre Tänze hängen

*Sie haben weniger Kostümsorgen als wir*

mit dem kultischen Zeremoniell zusammen oder sind Kriegstänze. Frauen und Männer tanzen zumeist getrennt. Alle Negertänze verlangen den Einsatz erheblicher Körperkräfte und wurden schon deshalb nicht in dieses Bändchen aufgenommen – ganz abgesehen von dem in Afrika vorgeschriebenen Kostüm, das einfach nicht jeder Wirtschaftswunderfigur steht. Sonst hätten Sie todsicher auf den nächsten Seiten eine Beschreibung des »Kumba-Ngoma« der Manyema-Neger gefunden. Das ist ein Teufelstanz, und weil die Manyema der Ansicht sind, daß der Teufel von weißer Hautfarbe sein muß, besteht das Kostüm lediglich aus weißer Farbe, einer Maske und ein paar Rasseln um die Knöchel.
Ganz anders die strengen, gemessenen Formen des chinesischen und japanischen Tanzes. Bei den bienenfleißigen Japanern kennt man sogar eine Art »Arbeitstanz«. Bei unseren modernen Tänzen kommt es zwar hin und wieder vor, daß man sie als schweißtreibende Arbeit empfindet, aber bis zu einer als Tanz verkleideten Arbeit haben wir es doch noch nicht gebracht. In Japan gibt es zum Beispiel den »Reismörsertanz«, den »Holzschnitzertanz« und den »Gärtnertanz«. Allen diesen Tänzen ist gemeinsam, daß ein »arbeitstechnischer« Vorgang zur entsprechenden, streng rhythmischen Musik in das Gewand eines Tanzes mit genau vorgeschriebenen Bewegungen gekleidet wird.
Von da bis zum berühmten »Holzschuhtanz« ist es nur ein Schritt. Er gehört bei uns in die Kategorie der Volkstänze, die wiederum mit den Reigentänzen verwandt sind. Haben Sie schon einmal ein richtiges bayerisches Schuhplattlerfest miterlebt? Nicht so ein frisiertes aus einem Deppenfilm außerbayerischer Herkunft, son-

dern ein echtes, bei dem Touristen nur mit »Sonderausweis« zugelassen sind? Eigentlich ist es schade, daß die Heimat-, Volkstrachten- und Plattlervereine in Bayern unter Nachwuchsmangel leiden. Den jungen Leuten liegt der Cha-cha-cha eben besser als das traditionelle Platteln, bei dem strenge Regeln beachtet werden müssen und bei dem nicht nur der Vorplattler des Vereins, sondern auch noch der Gau-Vorplattler und andere erfahrene Spezialisten darüber wachen, daß alles in den richtigen Bahnen verläuft und keiner an der verkehrten Stelle klatscht, juchzt oder trampelt.
Welche Schritte und Figuren zum Rock 'n' Roll gehören und wie man Charleston tanzt, steht auf den nächsten Seiten nicht verzeichnet, weil man das viel besser in einem Tanzkurs lernt, wenn man es überhaupt lernt, und weil papierene Tanzanweisungen mit fein säuberlich aufgemalten Fußstellungen und Drehbewegungen dieses Buch höchstens dicker, aber nicht benutzbarer gemacht hätten. Die Kenntnis der herkömmlichen Tänze wird also vorausgesetzt, wobei notfalls die »klassischen« unter den modernen Tänzen genügen, wenn es um Tanzspiele geht. Wichtig ist bei allen Spielen dieser Art ein charmanter, zugleich aber auch überzeugender Spielleiter, der sich auf liebenswürdige Weise Respekt zu verschaffen vermag und eine Samba von einem Slowfox zu unterscheiden versteht. Nicht weniger wichtig ist die Musik: gute Tanzplatten oder -tonbänder mit einem »hauptamtlichen« Apparatebediener sollten den Vorzug haben, wenn kein eigener »Klangkörper« in Gestalt eines Klavierspielers zur Verfügung steht.

## LUSTIGE PARTNERWAHL

### *Die Karte entscheidet*

Es gibt eine ganze Reihe von Methoden, um eine Gesellschaft mit Hilfe von Spielkarten oder beschriebenen Zettelchen zu »mixen«. Die einfachste: Man verteilt an Damen und Herren die Blätter einer französischen Spielkarte und läßt die Herren nach den Damen mit der dazugehörigen Karte suchen. Dabei gehören jeweils die roten Blätter zusammen, also zum Beispiel Herzkönig zu Karokönig, Karozehn zu Herzzehn und entsprechend die schwarzen Blätter, zum Beispiel Pikdame zu Treffdame (Kreuzdame),

Treffsieben zu Piksieben. Selbstredend muß man vorher abzählen und nicht mehr Kartenpaare ausgeben als Tanzpaare da sind. – Anstelle der Spielkarten kann man auch Kästchen oder Zettel verteilen, auf die – jeweils auf zwei Karten verteilt – Sprichwörter, Gedichtanfänge oder geflügelte Worte geschrieben wurden. Auf einem Kärtchen steht zum Beispiel »Müßiggang«, auf dem dazugehörigen zweiten »ist aller Laster Anfang« – und so weiter.

## *Lange Reihe*

Der Tanzmeister ist mit einem bänder- und blumengeschmückten Stock bewaffnet. Er macht sich wie ein Hochzeitsbitter auf den Weg zu einer Dame, klopft vor ihr mit dem Stock auf den Boden und fordert sie damit auf, ihm zu folgen. Dann klopft er abwechselnd bei den anderen Herren und Damen, die sich der langen Reihe anschließen, bis die ganze Gesellschaft zu einem flotten Marsch über das Parkett marschiert. Zum Schluß geht der Marsch in einen Walzer über.

## *Korb geben*

Am Rande der Tanzfläche stehen drei Stühle. Auf den mittleren setzt sich der Tanzmeister, einen Einholkorb in der Hand, der mit Blumen und Bändern geschmückt ist. Links und rechts von ihm nehmen zwei mutige Damen Platz. Einer davon überreicht der Tanzmeister den Korb, mit der anderen tanzt er davon. Die übriggebliebene Dame setzt sich in die Mitte. Diesmal müssen sich zwei Herren auf den Weg machen und die beiden anderen

*Einen so hübschen Korb nehme ich gerne an*

Plätze besetzen. Einer bekommt den Korb, der andere tanzt mit der Dame – und so weiter, bis die ganze Gesellschaft in Schwung ist.

### *Visitenkarten aufrufen*

Der Gastgeber bereitet für jede Dame eine Visitenkarte vor, auf der ihr ein (möglichst ausgefallener) Beruf angedichtet wird. Außerdem steht die Berufsbezeichnung eines Herrn darunter. Die Herrenberufe werden zusätzlich auf Visitenkarten für alle Tänzer übertragen. Zum Beispiel könnte auf einer Damen-Karte stehen: »Julischka, staatlich geprüfte Hinterhofsängerin/Leierkastendreher«; auf der dazugehörigen Herrenkarte würde nur »Leierkastendreher« stehen. Oder: »Alexa, städtisch konzessionierte Turmuhraufzieherin/Schornsteinfegerassistent«. Die Karten werden verteilt, und die Damen rufen nun auf, was auf ihren Karten steht: »Ich bin Julischka, die staatlich geprüfte Hinterhofsängerin, und suche meinen Leierkastendreher«. Der Herr mit der Leierkastendreher-Karte macht sich auf den Weg, geht mit seiner Partnerin zur Tanzfläche und wartet ab, bis sich alle Paare gefunden haben.

### *Klassische Paare*

Der Gastgeber bereitet Kartenpaare vor, auf denen die Namen klassischer Ehe- oder Liebespaare stehen, zum Beispiel: Romeo/Julia, Cäsar/Kleopatra, Philemon/Baucis, Faust/Gretchen, Napoleon/Josephine und Tristan/Isolde. Jede Dame bekommt eine »weibliche Karte«, jeder Herr eine »männliche«. Die Herren müssen sich die Damen mit den dazugehörigen Karten suchen – oder auch einmal umgekehrt.

### *Bänderauswahl*

Der Tanzmeister hat fünf bunte Bänder oder Wollfäden vorbereitet. Vier davon sind zur Hälfte gelb, zur Hälfte blau, das fünfte ist durchgehend blau. Der Tanzmeister faßt die Bänder so in der Mitte, daß sie zu beiden Seiten seiner Hand herunterhängen und daß keiner erkennen kann, welche Bänder zweifarbig sind und welche nicht. Nun werden vier Damen und sechs

Herren aufgefordert, je ein Bandende in die Hand zu nehmen. Dabei dürfen die Damen nur nach gelben, die Herren nach blauen Bändern greifen. Wenn der Tanzmeister jetzt losläßt, haben sich vier Paare auf dem Umweg über die Bänderauswahl zusammengefunden. Das durchgehend blaue Band dagegen hat zwei Herren zusammengeführt, die wie die anderen vier Paare nun auch eine Runde miteinander tanzen müssen.

### *Gebrochene Herzen*

Bei einer kleineren Gesellschaft besorgt der Gastgeber pro Paar ein Lebkuchenherz ohne Verpackung, bricht sämtliche Herzen durch (oder schneidet sie gezackt, jedes Herz in einer anderen Schnittlinie, auseinander). Die linken Hälften wandern auf einen Teller, die rechten ebenso. Der eine Teller geht bei den Damen reihum, von denen sich jede ein halbes Herz herunternimmt, der zweite Teller bei den Herren genauso. Dann sucht sich jeder Herr die Dame, deren Herzhälfte zu seinem eigenen Bruchstück paßt, und tanzt mit ihr. An Stelle der Lebkuchenherzen kann man natürlich auch Pappherzen nehmen.

### *Steckbriefe*

Die Damen bekommen Papier und Bleistift und müssen innerhalb von drei Minuten ihren eigenen Steckbrief schreiben, eventuell mit gezeichnetem Selbstporträt. Die Zettel wandern in einen Hut oder Karton, aus dem nun jeder der Herren einen Steckbrief zieht. An Hand dieser Steckbriefe müssen sich die Herren ihre Partnerinnen suchen. – Das Steckbrief-Spiel läßt sich natürlich auch umgekehrt arrangieren, indem man die Herren zum Steckbriefschreiben auffordert und die Damen ihre Partner suchen läßt.

### *Blinde Wahl*

In einer Ecke des Saales wird eine etwa zwei Meter hohe spanische Wand aufgestellt oder ein Vorhang in gleicher Höhe aufgehängt. Vier bis sechs Herren stellen sich dahinter und strecken ihre Daumen oder Zeigefinger über die Oberkante der Wand. Nun schickt der Tanzmeister die entsprechende Anzahl Damen vor die Wand und läßt jede einen Finger fassen. Mit dem dazugehörigen

Herrn tanzt sie die nächste Runde. Beim nächstenmal verschwinden vier bis sechs Damen hinter der Wand, und die Herren wählen blind.

### *Schuhparade*

Jede der anwesenden Damen zieht einen Schuh aus und legt ihn in der Mitte des Raumes nieder. Aus dem stattlichen Schuhhaufen fischt sich jeder der Herren einen Schuh heraus und geht damit so lange »hausieren«, bis er die dazugehörige Dame entdeckt hat. Selbige zieht ihren Schuh wieder an, und beide tanzen miteinander.

*Welches ist nur der richtige Schuh?*

## WECHSEL KREUZ UND QUER

### *Marschwalzer*

In einem weiten Innenkreis gehen die Damen, im Außenkreis in entgegengesetzter Richtung die Herren. Die Musik spielt einen Marsch. Wenn sie in einen Walzer oder anderen Tanz übergeht, tanzt jeder Herr mit der Dame, die ihm gerade gegenübersteht. Nach einer Minute wird wieder ein Marsch gespielt. Die beiden Kreise bilden sich von neuem und lösen sich wieder auf, wenn der Takt wechselt.

### *Schneeballtanz*

Das ist die bekannteste und erprobteste Art, möglichst rasch Bewegung in die noch zögernden Tänzer und Tänzerinnen zu bringen. Ein Paar rafft sich als erstes dazu auf, die Tanzfläche zu bevölkern. Nach ein paar Takten hört die Musik auf. Sowohl der Herr als auch die Dame suchen sich neue Partner. Die beiden Paare tanzen. Wieder stoppt die Musik, aus den zwei Paaren entwickeln sich vier, beim nächsten Halt der Musik acht – und so weiter, bis alle Gäste tanzen.

### *Jack und Jill*

Auch dieses Tanzspiel ist ein echter »Party-Mixer« aus dem amerikanischen Repertoire. Der Tanzmeister ernennt einen männlichen Tänzer zum »Jack«, eine Tänzerin zur »Jill«, und zwar unauffällig, also ohne daß die übrigen Gäste etwas davon merken. Nun wird getanzt. Die Musik stoppt etwa alle dreißig Sekunden, und jedesmal suchen sich die Tänzer andere Partner(innen). Nach Schluß der Runde bekommen der Tänzer, der (ohne es zu wissen) mit »Jill« tanzte, und die Tänzerin, die von »Jack« geführt wurde, je einen Preis.

### *Schlag auf die Pauke*

Der Tanzmeister ist mit einer Pauke, zwei Becken, einem Gong oder einem anderen »durchschlagenden« Geräuschinstrument ausgerüstet. Wenn er während des Tanzes auf die Pauke haut, lassen die Herren ihre Damen los und suchen neue Partnerinnen auf der Tanzfläche.

### *Die Abklatschtour*

Drei bis fünf Herren werden vom Tanzmeister auf die Seite genommen, während ein neuer Tanz beginnt. Dann wird die Abklatschtour – in diesem Fall für Herren, das nächstemal vielleicht für Damen – ausgerufen. Die in Reserve gehaltenen Herren stürzen sich in das Gewimmel. Jeder trennt durch Händeklatschen ein Paar, tanzt mit der Dame weiter und veranlaßt damit den freigewordenen Herrn, sich ebenfalls eine Partnerin abzuklatschen. Das Abklatschen bringt Leben in die Gesellschaft und verhindert, daß immer die gleichen Partner miteinander tanzen.

## SCHERZTÄNZE MIT ÜBERRASCHUNGEN

### *Die Polonäse*

An den Anfang eines jeden richtigen Tanzfestes gehört als bewährter »Party-Mixer« die Polonäse. Sie wird von einem erfahrenen Tänzer, dem Tanzmeister, angeführt. Er bespricht sich vorher

*Reizen Sie nicht die eleganten Tänze des 17. und 18. Jahrhunderts?*

mit den Musikern oder sorgt für die richtigen (Marsch-)Platten, dann fordert er zur Aufstellung auf oder geht mit seiner Dame selbst durch den Saal, um alle Tänzer und Tänzerinnen einzusammeln. Zuerst geht der Zug im Kreis durch den Saal, dann hinaus auf den Flur, durch Ober- und Untergeschoß, vielleicht sogar über den Hof und durch den Garten, dann zurück auf das Parkett, wo der Tanzmeister je nach Stimmung und Phantasie Hindernisse aufbaut. Zum Beispiel kann er die Paare über zwei mit den Sitzen zusammengeschobene Stühle springen lassen, kann sich für einen »Tunnel« aus erhobenen Armen entscheiden, die Damen eine eigene Kette bilden lassen, die auf dem Tanzboden »Figuren marschiert«, während die Herren klatschend zusehen – es ist bei der Polonäse so gut wie alles erlaubt, einschließlich des Brauches, seine Schuhe auszuziehen oder die Partnerin auf den Arm zu nehmen. Das Spiel klingt, wenn alle tüchtig erhitzt sind, in allgemeinen Tanz aus.

## *Puppentanz*

Der Gastgeber hat eine möglichst lebensgroße Puppe aus Stroh, Kissen und alten Kleidern vorbereitet, mit der er sich auf die Tanzfläche begibt. Nach ein paar Runden gibt er seine »Miß Stroh« an einen anderen Herrn weiter und übernimmt dessen Dame. Auf diese Weise wandert die Puppe durch den ganzen Saal. Wer sie gerade im Arm hat, wenn die Musik aufhört, zahlt ein Pfand oder scheidet aus.

*Von der Stirne heiß – rollt die Apfelsine…*

## *Apfelsinentanz*

Jedes Paar bekommt eine Apfelsine, einen Apfel oder einen kleinen Ball. Die Partner müssen nun versuchen, das »widerspenstige Utensil« so zwischen den Stirnen einzuklemmen und zu halten, daß es beim Tanz nicht zu Boden fällt. Das Paar, dem es gelingt, die Frucht bis zum Schluß festzuhalten, bekommt einen Orden oder darf eine Ehrenrunde tanzen.

## *Ballontanz*

Jedes Paar bekommt einen aufgeblasenen Luftballon, der offen mit der linken oder rechten Hand gehalten werden muß. Die Tänzer versuchen, die Ballons der anderen Paare durch Kneifen oder Stechen (Stecknadel) zum Platzen zu bringen. Das Paar, dessen Ballon geplatzt ist, muß ausscheiden. Vor dieser Runde kann man einen Tanz einlegen, bei dem Dame und Herr den Ballon zwischen die Stirnen geklemmt festhalten müssen.

## *Kerzentanz*

Jedes Paar erhält eine brennende Kerze, die zur Vermeidung von Wachsflecken auf Kleidern und Anzügen eine Manschette oder bierdeckelgroße Schutzunterlage bekommt. Langsamer Tanz! Die Tänzer versuchen, den anderen die Kerzen auszublasen. Die Paare, deren »Lebenslichter« erloschen sind, scheiden aus. Auf der Tanzfläche darf bei diesem Spiel kein Gedränge herrschen.

## *Maskentanz*

Der Gastgeber hat für die anwesenden Herren Masken vorbereitet. Nach Möglichkeit sollen es keine gekauften, sondern selbstgemachte sein – aus bunten Kartonblättern mit Kriegsbemalung, alten Tüten, Schuhkartons, durchsichtigen Kunststoffsäckchen, Zeitungspapier, Stoffresten und so weiter. Im Nebenzimmer werden die Herren der Schöpfung mit ihren Verkleidungen behängt, gehen dann in den Saal zurück und lassen sich von den Damen zum Maskentanz engagieren. Man kann auch eine Masken-Polonäse veranstalten.

## *Inkognito*

Der Schah von Persien und seine Kaiserin sind inkognito auf dem Tanzfest. Das gibt der Tanzmeister bekannt, nachdem er einen Herrn und eine Dame mit den entsprechenden Titeln belegte, ohne daß die anderen Tänzer etwas davon gemerkt haben und ohne daß der »Schah« weiß, wer seine »Kaiserin« ist. Nun müssen alle durch schnelles Umfragen während des Tanzes festzustellen versuchen, wer der Schah ist und wer die Kaiserin. Beide müssen sich zu erkennen geben, wenn sie gefragt werden. Das Paar, das die beiden Majestäten zuerst identifiziert hat, bekommt einen Preis – und das kaiserliche Paar darf zusammen mit seinen Entdeckern eine Ehrenrunde tanzen. Ermittelt der Schah seine Kaiserin, bevor ein anderes Paar beide Majestäten aufgestöbert hat, steht ihm der Siegerpreis zu. Das gleiche gilt auch für den umgekehrten Fall, wenn die Kaiserin ihren Gebieter ermittelt, ohne daß beide vorher von einem anderen Paar entdeckt wurden.

## *Dreibeintanz*

Ähnlich wie bei dem entsprechenden Wettlauf (siehe Seite 157) kann man auch auf der Tanzfläche verfahren. Den Paaren, die sich diesem lustigen Kampf stellen, werden das linke Bein der Dame und das rechte Bein des Herrn zusammengebunden. Nun tanzt man einmal der Länge nach durch den Saal, eventuell in mehreren Gruppen, damit einzelne Siegerpaare ermittelt werden können, die später noch zu einer Schlußausscheidung antreten.

## *Tiefstapelei*

Für diesen Tanz braucht man zwei Hochsprungständer oder ähnliche Gestelle und eine Latte. Das ganze Gerüst wird auf der einen Seite der Tanzfläche aufgebaut. Die Paare bewegen sich im Kreis durch das Zimmer und müssen unter der Latte des Gestells hindurchtanzen, die zunächst auf etwa 1,70 Meter liegt und vor jeder Runde ein Stück tiefer gesetzt wird. Wer die Latte abwirft, scheidet mit seiner Partnerin aus. Zum Schluß bleibt nur noch ein Paar übrig, das sich den Sieg in der »Tiefstapelei« mühsam erkämpft hat und belohnt werden muß.

## *Zeitungstanz*

Jedes Paar bekommt eine Zeitungs-Doppelseite, legt sie auf den Boden und tanzt zur gleich darauf einsetzenden Musik auf dieser Unterlage. Wenn die Musik abbricht, wird das Blatt aufgehoben, einmal zusammengefaltet und wieder hingelegt. Weiter geht der Tanz. Beim drittenmal ist das Blatt, erneut gefaltet, schon erheblich kleiner geworden. Die ersten Paare scheiden wegen Übertretung der »Grundlage« aus. Auf diese Weise geht das Spiel immer weiter – bis schließlich nur noch ein Tänzer übrig ist, der vorsichtig auf seiner postkartengroßen Unterlage herumhüpft und die Partnerin auf dem Arm trägt.

## *Papierteller suchen*

Das ist ein Ausscheidungstanz, bei dem zum Schluß nur noch ein Siegerpaar übrigbleibt. Man verteilt auf der Tanzfläche so viele aus buntem Papier oder Karton ausgeschnittene Papierteller, mit einem Durchmesser von etwa fünfzig Zentimetern, wie Paare vorhanden sind, wobei der Tanzmeister und seine Partnerin nicht mitgerechnet werden. (Zur Not tun es auch einfache Zeitungsseiten, die allerdings nicht so bunt und lustig aussehen.) Jedesmal, wenn die Musik stoppt, müssen die Paare rasch versuchen, einen Stehplatz auf einem der Teller zu ergattern. Wer keinen Platz findet, scheidet aus. Sobald die Musik wieder eingesetzt hat, nimmt der Tanzmeister einen Papierteller weg und wiederholt das, bis schließlich nur noch ein Teller übrigbleibt. Das Siegerpaar bekommt einen Preis.

*Tanzakrobaten gesucht! Bitte an die Nylons der Dame denken!*

## *Tanz mit Einlagen*

Bei diesem Tanz (es sollte sich um einen Walzer oder einen anderen nicht zu langsamen Tanz handeln) hat der Tanzmeister das Recht, seine Paare nach Herzenslust durcheinanderzuwirbeln. Seine Befehle müssen widerspruchslos befolgt werden. Zum Beispiel kann er verlangen, daß alle Herren in der Hocke weitertanzen, alle Damen auf dem linken Fuß hüpfen oder daß die Partner einander die Hände auf die Schultern legen, den rechten Arm in die Luft recken oder den linken Arm steif am Körper herunterhängen lassen. Zwischendurch Tanz ohne Schikane.

## *Hut-Tanz*

Ein Herr trägt beim Tanz einen richtigen oder Papier-Hut und versucht, diese Kopfbedeckung unterwegs an einen anderen Herrn loszuwerden. Wer den Hut auf dem Kopf hat, wenn die Musik stoppt, scheidet mit seiner Dame aus. Zum Schluß bleibt ein Siegerpaar übrig.

## *Tanzturnier*

Für die Turniere der Amateur-Tanzverbände gibt es genaue Regeln und ein feierliches Zeremoniell, das sich nicht auf einen normalen Tanzabend oder Ball übertragen läßt. Aber ein bißchen lernen läßt sich doch davon: Die turnierlustigen Paare werden in Gruppen zu je vier Paaren eingeteilt. Alle Herren bekommen einen Bogen weißen Schreibpapiers auf den Rücken geheftet, auf dem eine deutlich lesbare Nummer steht. Nun tanzen die vier

Paare einer jeden Gruppe nacheinander einen Foxtrott, einen Slowfox, oder einen Walzer.
Die Zuschauer erhalten Stimmzettel, auf denen sie pro Gruppe das beste Paar oder die beiden besten Paare notieren, wobei Stil, Kleidung, Haltung und Beherrschung der Tanzschritte und -figuren gewertet werden sollten.

## ETWAS FÜR »LIEBHABER«

### *Kissenwalzer*

Während eines Walzers überreicht der Tanzmeister einem der zuschauenden Herren ein kleines Kissen. Er begibt sich auf die Tanzfläche, sucht sich eine Dame aus, die ihm gefällt, und legt ihr das Kissen zu Füßen. Das betreffende Paar hört auf zu tanzen, die Dame kniet mit dem »galanten Störenfried« auf dem Kissen nieder, empfängt einen Handkuß und tanzt mit dem neuen Partner weiter. Ihr alter Partner nimmt das Kissen auf und trennt auf die gleiche Weise das nächste Paar.

### *Der Kußwalzer*

Dieses alte Tanzspiel erfreute sich schon bei unseren Urgroßeltern allergrößter Beliebtheit. Während die Gäste einen Walzer tanzen, malt der Tanzmeister mit Kreide ein großes Herz in der Mitte des Saales auf den Fußboden. Alle Paare, die sich gerade in diesem Herzen befinden, wenn die Musik aufhört, sind verzaubert und dürfen erst weitertanzen, wenn die Herren ihre Damen mit einem (Hand-)Kuß erfreut haben.

*Im Herz ein züchtiger Kuß mit Herz*

## *Blindekuh-Tanz*

Ein Tänzer bekommt die Augen verbunden. Der Tanzmeister teilt ihm eine Tänzerin zu oder ruft »Damenwahl« aus. Dann setzt die Musik ein. Die Damen müssen nun die Partnerin des »blinden« Tänzers möglichst oft abklatschen und mit ihm weitertanzen. Wenn die Musik nach zwei oder drei Minuten aussetzt, muß der »blinde« Tänzer innerhalb von zehn Sekunden raten, mit wem er gerade getanzt hat (oder welche Haarfarbe seine Tänzerin hat). Rät er falsch, geht das Tanzspiel weiter. Wenn er richtig rät, darf er seine Binde abnehmen und sich bei der »erratenen« Dame mit einem (Hand-)Kuß bedanken.

## *Arche Noah*

Der Tanzmeister verteilt Karten an die Tänzer und Tänzerinnen, auf denen Tiernamen stehen. Zwei Karten müssen jeweils zusammen passen (z. B. Löwe und Löwin, Katze und Kater usw.). Die Damen erhalten die »weiblichen«, die Herren die »männlichen« Karten. Jeder muß seinen Tiernamen für sich behalten. Mitten im nächsten Tanz setzt die Musik aus, das Licht wird bis auf eine Kerze auf dem Tisch des Tanzmeisters gelöscht. Die »Tierpaare« müssen nun mit Hilfe ihrer »angeborenen« Kräh-, Gacker-, Brüll- oder Schreilaute zueinanderzufinden versuchen. Das erste Paar, das sich gefunden hat, geht zum Tisch des Tanzmeisters, wo der »Kater« seiner »Katze« für ihre Folgsamkeit einen (Hand-)Kuß geben darf und beide sich den wohlverdienten 1. Preis abholen.

## *Die Ballkönigin*

Jeder Herr, der sich an dieser Ausscheidung beteiligen will, bekommt vom Tanzmeister fünf kleine Blumensträußchen überreicht. Beim nun folgenden Tanz dürfen diese Herren ihre Gunst dokumentieren und – je nach Sympathie – ihrer Partnerin einen oder mehrere Sträuße verehren. Beim nächsten und den folgenden Tänzen wird ebenso verfahren – bis alle Herren ihre Sträußchen verteilt haben. Die Dame mit den meisten Sträußen wird feierlich zur Ballkönigin ernannt.

# Es geht um die Wurst

## ÜBER DEN SINN DES UNSINNS

Haben Sie schon einmal darüber nachgedacht, daß jedes »echte« Spiel im Grunde weder zweck- noch zielgebunden ist und daß es damit einerseits einer schöpferisch-künstlerischen Tätigkeit sehr nahe kommt, andererseits bei aller Ernsthaftigkeit geradezu nach dem Unsinn schreit? Lassen Sie mich zwei Schiller-Zitate servieren! Einmal hat Schiller gesagt, der Mensch sei nur da ganz Mensch, wo er spiele – und zum anderen hat der deutsche Zitatenaltmeister seinen Talbot in der »Jungfrau von Orleans«, III. Akt, 6. Szene, den schönen Ausspruch tun lassen: »Unsinn, du siegst, und ich muß untergehen!« – Nutzanwendung: Laßt, o Freunde, auch bei euren Spielabenden hin und wieder den Unsinn siegen, dann werdet ihr nicht untergehen und außerdem noch ganz menschliche Menschen sein.

Das ist gar nicht so selbstverständlich, wie es in diesem Exkurs über Spiel, Unsinn und Kunst aussieht. Es gibt nämlich Leute, die sich zwar mit Begeisterung für ein Quizturnier zur Verfügung stellen, weil sie darin einen Sinn zu erkennen glauben, die es aber für unter ihrer Würde halten, sich etwa am Wattepusten, Windbeutelessen oder Plumpsackwerfen zu beteiligen. Für sie hat der Unsinn keinen Sinn. Sie lehnen es ab, in die »Tiefen kindlicher Betätigung« hinabzusteigen. Wahrscheinlich haben sie Angst davor, sich eine Verzierung abzubrechen. Oder fürchten sie, daß sie unwillkürlich etwas von ihrem tiefinnerlichen »Selbst« vor ihren Mitspielern entblättern könnten? Zugegeben, es gehört Mut dazu, sich selber ein bißchen durch den Kakao zu ziehen: Mut zum Mitmachen, zur Konsequenz des Spiels und schließlich auch zur Selbsterkenntnis. Besonders letzteres ist vonnöten. Kein Geringerer als Goethe (zweifache, ehrfurchtsvolle Verbeugung!) sagte schon so richtig: »Wer sich nicht selbst zum besten haben kann, der ist gewiß nicht von den Besten.«

Womit wir wiederum bei unseren Klassikern angelangt wären. Denn es war ebenfalls Goethe, der sich über das Problem der

Selbsterkenntnis folgendermaßen – und auch noch für uns richtungweisend ausließ:

»Erkenne dich! – Was soll das heißen?
Es heißt: sei nur! und sei auch nicht!
Es ist eben ein Spruch der lieben Weisen,
Der sich in der Kürze widerspricht.«

Und Plutarch zog sich aus der Schlinge, indem er behauptete, nur Zeus sei dazu in der Lage, das schwierige Werk der Selbsterkenntnis zu vollbringen. Trotzdem empfiehlt es sich nicht, unter Berufung auf Göttervater Zeus zu resignieren. Ganz im Gegenteil! Wer den Mut zur Selbsterkenntnis aufbringt und sich selbst nicht so schrecklich ernst nimmt, bekommt hiermit schwarz auf weiß die Erlaubnis, sich göttergleich dünken zu dürfen. Wobei allerdings noch die Einschränkung notwendig ist, daß nur derjenige über die Barriere seiner eigenen Würde zu steigen vermag, der über Humor verfügt. Was ist das, Humor? Eine Gabe des Herzens, behauptete Ludwig Börne. Ein »Sichnecken« mit dem Ernst des Lebens, meinte Johann Jakob Mohr. Eine Perle aus der Tiefe, definierte Peter Sirius. Und Anselm Feuerbach fand folgende Erklärung: »Der Humor trägt die Seele über Abgründe hinweg und lehrt sie mit ihrem eigenen Leid spielen.«
Humor ist also offensichtlich etwas mit Tiefgang – im Gegensatz zum Witz, der fast immer an der Oberfläche bleibt. Machen Sie das bitte jenem eingangs erwähnten Freund des Unsinns klar, dann wird er bestimmt jeden Spaß mitmachen. Denn er wird sich nicht nachsagen lassen wollen, es fehle ihm an Tiefgang. Einverstanden?
Erich Kästner sagt in einem seiner Gedichte sinngemäß: »Kein Mensch kann so tief sinken, den Kakao, durch den er gezogen wird, auch noch zu trinken.« Mit dieser tiefen Weisheit sei unser

*Humor braucht für flotte Fahrt »Tiefgang«*

*Halt dir den Spiegel vors Gesicht.*
*Ist es nicht zum Lachen?*

Spaziergang durch den deutschen Zitatenschatz beschlossen – allerdings nicht ohne die entsprechende Nutzanwendung: Auch der Unsinn muß mit dem nötigen Ernst betrieben werden! Das hat mit der berufsmäßigen Fröhlichkeit mancher Elferrats-Mitglieder nichts zu tun, sondern will nur besagen, daß Unsinn keineswegs mit Albernheit gleichzusetzen ist. Wer es doch tut, ist selbst daran schuld und darf sich nicht wundern, daß sein Spielabend an »Unterernährung« eingeht.
Und nun zu der Wurst, um die es im folgenden Kapitel geht. Sie ist selbstverständlich nur symbolisch gemeint, wenn der Spielleiter nicht gerade darauf verfallen sein sollte, ein zünftiges Wurstschnappen (Seite 172) zu organisieren. Die Wettkampfspiele dieses Kapitels sind für das Zimmer gedacht, eignen sich aber größtenteils auch für ein Sommerfest auf der Terrasse. Da es bei den meisten dieser Spiele darum geht, einen Sieger oder eine Siegermannschaft zu ermitteln, müssen die Regeln sorgfältig beachtet werden, damit es keinen Ärger gibt. Brauchbares Zubehör: eine Stoppuhr. Notfalls tut es auch eine Armbanduhr mit Zentralsekunde. Wer schummelt, wird disqualifiziert.

## ISS UND TRINK NACH HERZENSLUST!

### *Windbeutel*

Zwei Spieler sitzen einander am Tisch gegenüber. Jedem von ihnen wird eine große Serviette umgebunden, und außerdem werden die Hände auf dem Rücken »gefesselt«. Vor den beiden »Opfern« stehen Teller mit je einem schlagsahnegefüllten Windbeutel. Auf das Startkommando führen sich die beiden Eßlustigen diese Windbeutel zu Gemüte, und zwar ausschließlich unter Verwendung von Lippen und Zähnen. Es ist verboten, womöglich die Windbeutel mit der Schulter zurechtzustupsen. Der Sieger bekommt ein Glas Bowle als Sonderzuteilung, nachdem er sich Schlagsahne und Puderzucker aus dem Gesicht gewaschen hat.

*Fütterung der Raubtiere*

*Na, wäre hier nicht ein Babylätzchen angebracht?*

Die Mitspieler sitzen einander gegenüber, möglichst jeweils eine Dame und ein Herr, bekommen die Augen verbunden und – einer von beiden – einen Teller mit Erdnußkernen, Rosinen oder kleinen Zuckereiern in die Hand. Auf das Startkommando beginnt der »Tellerhalter« jeder Zweiergruppe, seinen Partner bzw. seine Partnerin zu füttern, und zwar unter Verwendung eines Löffels. Das Paar, dessen Teller zuerst leer ist, ohne daß mehr als zehn Prozent des Inhaltes auf dem Fußboden wiederzufinden sind, hat gewonnen.

*Mit Flasche und Schnuller*

Drei Mitspieler werden mit Milchflaschen ausgerüstet, die gleich hoch mit Milch oder Fruchtsaft gefüllt und mit einem Babyschnuller versehen sind. Auf ein Kommando des Spielleiters beginnen sie aus Leibeskräften zu nuckeln. Wer zuerst fertig ist, hat gewonnen. An Stelle der Babymilchflaschen kann man auch Bier- oder Limonadeflaschen verwenden.

## BUNTES SINNEN-TRAINING

*Für feine Nasen*

Auf dem Tisch stehen zehn Eierbecher in einer Reihe, mit Gewürzen oder kräftig duftenden Küchenzutaten versehen. Es genügt, wenn jeder Becher nur einen Teelöffel voll Pulver enthält. Unter anderem eignen sich Zimt, Nelkenpulver, Kaffee, Tee, Muskatpulver, Kakao, Vanillezucker, Kamillentee, Pfefferminztee und Anis. Jeder Spieler hat eine Minute Zeit, um alle zehn Eierbecher zu beschnuppern und sich die Reihenfolge der Düfte einzuprägen. Anschließend geht er auf seinen Platz zurück und schreibt auf, was er gerochen hat. Zum Schluß wird die richtige Reihenfolge bekanntgegeben. Alle streichen die richtig erkannten Gewürznamen an. Wer alle zehn Gerüche fehlerlos aufgeschrieben hat, ist Oberduftmeister und erhält ein Fläschchen Parfüm als Preis.

### *Für Feinschmecker*

Drei Freiwillige, denen die Augen verbunden werden, müssen sich die Nasen zuhalten und jeweils ein Stückchen Apfel, dann ein Stück Zwiebel und schließlich ein Stück Kohlrabi abbeißen und kauen. Anschließend sollen alle drei angeben, was und in welcher Reihenfolge sie gegessen haben. Wichtig ist, daß die Nasenklemme während des Essens auch nicht für den Bruchteil einer Sekunde gelockert wird. Wer mogelt, muß bei »vollem Bewußtsein« eine rohe Kartoffel essen.

### *Fühlen und erkennen*

In einen nicht zu kleinen Sack (notfalls tut es auch ein Kissenbezug) steckt man fünf bis zehn kleinere Gegenstände aus dem Haushalt. Dann läßt man den Sack herumgehen. Jeder bekommt eine Minute Zeit, durch den Stoff hindurch zu fühlen, was sich in dem Sack befindet. Wenn alle nachgefühlt haben, verteilt man Papier und Bleistifte, und jeder muß aufschreiben, was er gefühlt zu haben glaubt. Zum Schluß werden die Gegenstände aus dem Sack auf dem Tisch ausgebreitet und mit den Listen verglichen. Unter anderem eignen sich folgende »Fühlgegenstände«:

1. Sicherheitsnadel
2. Apfelsine
3. Streichholzschachtel
4. großer Knopf
5. Kartoffel
6: Geldbeutel
7. Taschenmesser
8. Wollknäuel
9. Kugelschreiber
10. Nuß
11. Radiergummi
12. Taschenspiegel
13. kleiner Ball
14. Korkenzieher

*Huch! Das piekst ja so...?*

## *Der Feinfühlige*

Einem Spieler werden die Augen verbunden. Der Spielleiter legt ihm der Reihe nach drei oder vier Gegenstände auf die flache Hand, zum Beispiel eine Streichholzschachtel, ein Geldstück, einen Kamm, einen Geldbeutel, einen Radiergummi, einen Bleistift oder eine Zigarettenschachtel, und der Spieler muß raten, was es gewesen ist. Dabei darf er weder die »Fühlhand« schließen noch die andere Hand oder die Nase zur Hilfe nehmen.

## *Vorsicht! Geräusche!*

Da sich dieses Spiel nur bei absoluter Stille im Zimmer erfolgreich durchführen läßt, sollte man es möglichst zu Beginn einer Zusammenkunft abwickeln. Es handelt sich darum, Geräusche zu erkennen, die der Spielleiter hinter einer spanischen Wand oder einem Vorhang mit vorher zurechtgelegten Geräten erzeugt. Alle Gäste erhalten Papier und Bleistift, und es darf erst wieder gesprochen werden, wenn das letzte Geräusch der »Serie« vorbei ist und die Zettel abgegeben worden sind.

Beispiele:

1. Luftballon aufblasen
2. Stoff zerreißen
3. Wasser umgießen
4. Kartoffeln reiben
5. Eier aufschlagen
6. Butterbrotpapier knistern lassen
7. Streichholz anzünden
8. Mixbecher schütteln
9. Zeitung zerreißen
10. Ball fallen lassen
11. Tasse hinwerfen
12. Nüsse knacken
13. Holz sägen

Gewonnen hat, wer die meisten Geräusche erkannte.

## *Stumm und taub*

Die Spieler sitzen einander in zwei Reihen gegenüber. Die eine Reihe ist taub, die andere stumm. Die Tauben stellen an die Stummen Fragen, die von diesen pantomimisch beantwortet werden müssen. Dann geben die Stummen den Tauben pantomimische Aufgaben auf (Wortraten, Sprichwortraten usw.), die von jenen gelöst werden sollen. Sprechende Stumme und hörende Taube werden disqualifiziert.

## *Stumme Unterhaltung*

Die Gesellschaft sitzt im Kreis. Der Spielleiter oder ein anderes Naturtalent im Ausfragen geht von einem zum andern und stellt jedem eine Frage, auf die jedoch nur »stumm geantwortet« werden darf, also durch Gesten, Mimik, Handbewegungen und so weiter. Die Fragen müssen so gestellt sein, daß sie pantomimisch beantwortet werden können, nicht nur mit Ja oder Nein. Wer das Sprechverbot übertritt oder keine Antwort weiß, zahlt ein Pfand.

## *Frei nach Knigge*

In einem Fußballstadion benimmt man sich anders als bei einem Krankenbesuch. Diese weise Erkenntnis ist die Grundlage zum »Frei nach Knigge«-Spiel. Erste Möglichkeit: Einer wird hinausgeschickt. Unterdessen verabreden die anderen, daß sie zum Beispiel die Zuschauer bei einem Tennisturnier (Kopf gespannt nach rechts – Kopf gespannt nach links) oder die Insassen eines Zuchthauses (alle in gleicher Haltung, Kopf gesenkt, Hände vor dem Leib zusammengelegt usw.) darstellen wollen. Der wieder hereingerufene Spieler muß raten, wo er sich befindet. Zweite Möglichkeit: Das hinausgeschickte Opfer soll nach seiner Rückkehr eine bestimmte Örtlichkeit oder Situation (z. B. Krankenbesuch mit teilnahmsvoller Miene, leisem Auftreten, Blumenstrauß überreichen) darzustellen versuchen; alle Zuschauer dürfen raten. Macht viel Spaß, wenn man sich eine besonders ausgefallene Situation ausgedacht hat.

## *Sprichwort-Pantomime*

Schon zu Schillers Zeiten war dieses Spiel berühmt und beliebt. Die Spieler werden in zwei Gruppen geteilt. Die Gruppe A stellt einem (oder auch zwei bis drei) Spieler(n) der B-Gruppe die Aufgabe, ein Sprichwort pantomimisch, also nur durch Mimik, Gesten und Gebärden, ohne ein Wort zu sagen, darzustellen. Die anderen Mitglieder der Gruppe B müssen raten, welches Sprichwort gemeint ist. Es empfiehlt sich, die Ratezeit auf höchstens drei Minuten zu begrenzen. Anstelle von Sprichwörtern kann man auch Persönlichkeiten, Buchtitel, Zitate oder irgendwelche konkrete oder abstrakte Begriffe raten lassen. Bei der nächsten Runde muß die andere Gruppe raten.

## *Schattenspiele*

Dieses früher sehr beliebte Spiel hat es verdient, aus seinem Dämmerschlaf erweckt zu werden. An Zutaten braucht man nur ein großes Bettlaken, das über eine Leine gehängt oder in den Rahmen einer geöffneten Tür gespannt wird, und eine Lampe mit einer kräftigen, etwa 100 Watt starken Birne, deren Schein voll auf das Tuch fällt. Mit diesen Requisiten kann man eine Menge anfangen, zum Beispiel:

a) Personenraten: Der Reihe nach und von der übrigen Gesellschaft unbemerkt stellen sich mehrere Mitspieler »per Schatten« vor. Dabei muß immer das Profil zu sehen sein, darüber hinaus ist von komischen Verrenkungen bis zu Hüten oder Mänteln als Verkleidung alles erlaubt. Die Zuschauer müssen raten, wer hinter der Leinwand steht.
b) Pantomime: Wie bei dem Pantomimespiel (siehe oben) ist im Schattenbild eine Persönlichkeit, ein Begriff oder ein Sprichwort darzustellen. Zutaten sind erlaubt. Geraten wird in zwei Parteien – wenn Gruppe A etwas darstellt, muß Gruppe B sich den Kopf zerbrechen – und umgekehrt.

## *Stummes Konzert*

Jeder Spieler wählt sich ein Musikinstrument, das er mit Kopf und Händen nachzuahmen versteht – zum Beispiel Zugposaune, Harfe, Klavier, Trommel, Schlagzeug, Violine, Tuba, Orgel (mit Händen

*Die Klarinette nicht so zaghaft, bitte!*

und Füßen), Xylophon, Cello oder Flöte. Der Spielleiter verwandelt sich in einen Dirigenten, gibt ein Lied an, das stumm gespielt werden soll, und beginnt zu dirigieren. Begonnen wird mit dem Einsatz aller Instrumente. Dann kommt vielleicht die Violine mit einer Solopartie an die Reihe, anschließend spielen Posaune und Harfe gemeinsam, dann setzt die Orgel ein – und so fort. Zum Schluß verwandelt sich das stumme Konzert in ein tönendes. Alle Spieler versuchen, ihr Instrument nach bestem Können nachzuahmen.

## MIT NADEL UND FADEN

### *Die Putzmacherei*

Die Gäste formieren sich zu Paaren, wobei es keine Rolle spielt, wenn einige davon aus zwei Herren oder zwei Damen bestehen, und werden mit buntem Kreppapier, Stecknadeln und Scheren ausgerüstet. Innerhalb von fünf Minuten müssen die Herren ihren Damen aus dem verteilten Material Hüte oder hutähnliche Kopfbedeckungen basteln und aufsetzen. Anschließend findet eine Hutmodenschau statt. Ist die augenblickliche Haarmode zu kompliziert und kostspielig, so daß die Damen das Aufsetzen der duftigen Kreppapiergebilde mit Mißtrauen betrachten würden, kann man das Spiel auch umdrehen und die Damen für die Herren Hüte »arbeiten« lassen.

### *Einfädeln*

Das ist ein Spiel für männliche Wettbewerber. Jeder bekommt eine Nähnadel – keine Stopfnadel, weil das die Aufgabe zu sehr erleichtern würde – und ein Stückchen kräftigen Nähfaden. Wer nach dem gemeinsamen Start zuerst mit dem Einfädeln fertig ist, hat gewonnen.

### *Strümpfe stopfen*

Falls es die Dame des Hauses übers Herz bringen sollte, einen tiefen Griff in ihren Nähkorb zu tun, kann man in der richtigen Gesellschaft ruhig einmal einen Wettbewerb im Strümpfestopfen veranstalten. Jeder Spieler erhält einen zerrissenen Strumpf, eine Stopfnadel und einen schönen bunten Stopffaden. Fünf Minuten Zeit werden vorgegeben. Wem es gelingt, innerhalb dieser Frist die schönste Stopfe zustande zu bringen, bekommt einen Preis.

### *Knöpfe annähen*

Gäste, denen das Strümpfestopfen unsympathisch ist, erhalten ein nicht zu dünnes Stück Stoff, einen großen Knopf sowie Nadel und Faden. Auf ein Kommando des Spielleiters beginnen sie, die Knöpfe anzunähen. Eine erprobte Hausfrau wird sich gern als Schiedsrichterin zur Verfügung stellen und entscheiden, wer in der vorgegebenen Zeit von sechzig Sekunden am vorbildlichsten mit seiner Aufgabe fertig geworden ist.

### *Flicken aufsetzen*

Wer von den männlichen Gästen die spielerische Elementarlehre im Nähen schon hinter sich hat und nun vor schwierigere Aufgaben gestellt werden muß, ist reif für dieses Spiel. Jeder Wett-

*Ist das nicht ein Meisterwerk der Schneiderkunst?*

kämpfer bekommt ein zerrissenes Kleidungsstück, einen bunten Flicken und Nähzeug (Nadel, Faden, Schere). Innerhalb von fünf Minuten muß er den Flicken so annähen, daß die schiedsrichternde Hausfrau damit einverstanden ist. Der beste Nähkünstler wird mit dem Großen Nähorden ausgezeichnet.

## RICHTIG REAGIERT IST HALB GEWONNEN

### *Vater Eberhard*

In der Mitte des Zimmers sitzt Vater Eberhard, mit Hut und Bart verkleidet, auf einem Stuhl. Er hält eine brennende Kerze in der Hand. Alle anderen Spieler sitzen ringsherum im Kreis. Einer von ihnen wird ausgelost und muß den Anfang machen. Er stellt sich vor Vater Eberhard hin und sagt: »Lieber Vater Eberhard, ich fasse dich bei deinem Bart, doch es wird dir nicht gelingen, mir ein Lachen abzuzwingen.« Dabei zupft er Vater Eberhard an dessen Bart. Wie es Vater Eberhard fertigbekommt, den Zupfer zum Lachen zu bringen, ist seiner Phantasie überlassen. Schafft er es, muß sich der Spruch-Aufsager auf Vater Eberhards Stuhl setzen und seinerseits versuchen, den nächsten Mitspieler zum Lachen zu bringen.

### *Die Karpfenzucht*

Auf den Tisch wird mit Kreide ein großer See gemalt, daneben ein kleiner Teich, von dem ein Fluß abzweigt, und auf der anderen Seite ein viereckiger Karpfenweiher. Der Spielleiter hält nun einen Vortrag über die Vorzüge der Karpfenzucht. Die Mitspieler stellen die Karpfen dar. Die Sache geht folgendermaßen vor sich: »Alle Karpfen befinden sich im See« – die Spieler tippen mit den Zeigefingern in das große Gewässer – »von da wandern sie in den Weiher« – die Finger tippen in das viereckige Becken – »und zurück in den See« – die Finger gehen mit. »Nun werden die Tierchen in den Fluß versetzt« – entsprechende Reaktion – »und kommen gleich wieder in denWeiher, von wo sie ...« – und so fort. Das Spiel beginnt langsam, wird dann aber immer schneller. Der Erzähler darf auch in die verkehrten Teiche tippen, um die anderen irrezuführen. Wer sich vertippt, zahlt ein Pfand.

## *Vögel fangen*

Auf dem Tisch liegt eine Bindfadenschleife von etwa dreißig Zentimeter Durchmesser, deren Zugende der Spielleiter in der Hand hält. Er kommandiert: »Alle Vögel in das Bauer!« – und alle stupsen ihre Zeigefinger auf den Tisch in den Schlingenkreis. Bei »Alle Vögel aus dem Bauer« werden die Hände wieder zurückgezogen. So geht es ein paarmal hin und her, bis der Spielleiter die Schlinge plötzlich zuzieht, wenn gerade alle Vögel im Bauer sind. Wer gefangen wird, zahlt ein Pfand.

## *Die bösen Sieben*

Die im Kreis sitzenden Spieler zählen, bei 1 beginnend, reihum – und zwar möglichst schnell. Dabei ist es streng verboten, alle jene Zahlen zu nennen, in denen eine 7 vorkommt oder die durch 7 teilbar sind. In diesen Fällen heißt es nur »brr!« – also zum Beispiel 13, brr, 15, 16, brr, 18, 19, 20, brr – usw. Wer sich verplappert, zahlt ein Pfand oder scheidet aus.

## *Schnapp hat den Hut verloren*

Hier kommt es auf schnelles Reagieren an. Die Spieler sitzen im Kreis oder um den Tisch. Jedem wird eine Zahl zugeteilt. Der Spielleiter beginnt: »Schnapp hat den Hut verloren. Sechs hat ihn.« Die Sechs muß diesen Verdacht rasch weitergeben und sagt zum Beispiel: »Schnapp hat den Hut verloren. Sechs hat ihn nicht, Vier hat ihn.« Vier antwortet: »Schnapp hat den Hut verloren. Vier hat ihn nicht, Sieben hat ihn.« Wer nicht aufpaßt, sich verspricht oder eine Zahl nennt, die nicht verteilt wurde, zahlt ein Pfand.

## *Mit Gunst, Junker Hans*

Junker Hans, das »Opfer« dieses sehr alten deutschen Spieles, sollte ein Spieler mit viel Humor sein, weil er alles über sich ergehen lassen muß, was seine Mitspieler ihm antun wollen – zum Beispiel können sie ihm einen Kohlebart anmalen oder ihm die Haare ins Gesicht kämmen; desgleichen kann man von ihm verlangen, ein volles Glas Wasser auf der ausgestreckten Hand zu balancieren; oder die Jacke auszuziehen. Nur sprechen darf Junker Hans nicht – das besorgt sein Fechtmeister für ihn, der sorgfältig darüber wacht, daß niemand sich dem Junker ohne ausdrückliche, genau umrissene Erlaubnis nähert. Bei dem sich daraus ergebenden Frage- und Antwortspiel muß jeweils vorher und hinterher »Mit Gunst« gesagt werden. Beispiel: »Mit Gunst, ist es erlaubt, sich dem Junker zu nähern? Mit Gunst!« – »Mit Gunst, es seien Ihnen vier Schritte gestattet. Mit Gunst!« – »Mit Gunst, wird mir die Erlaubnis zuteil, dem Junker die Jacke auszuziehen? Mit Gunst!« – »Mit Gunst, nur der linke Ärmel ist gestattet. Mit Gunst!« – Wer die Erlaubnis überschreitet oder das »Mit Gunst« wegläßt, zahlt ein Pfand oder wird der nächste Junker Hans.

*Anschreien*

Während ein Mitspieler draußen wartet, einigen sich die übrigen auf ein mehrsilbiges Wort, das der Hinausgeschickte raten soll. Der Kniff dabei: Das Wort wird nicht einfach im Sprechchor aufgesagt, sondern jeder Spieler (oder auch jeweils mehrere zusammen) schreit nur eine Silbe. Das »Opfer« bekommt also (Einsatzzeichen des Spielleiters!) sämtliche Silben in einem wüsten Durcheinander entgegengebrüllt und muß trotzdem versuchen, das gewählte Wort herauszufinden. – Abwandlung: Das »Opfer« wird mit einem Sprechchor empfangen, bei dem ein längeres Wort mit ganz falscher Betonung ausgesprochen wird. Statt »Untergangsstimmung« müßte es zum Beispiel » Uunteergangsstihmuuuung« heißen. Zweite Abwandlung: Die Wörter eines bekannten Sprichwortes werden auf die Mitspieler verteilt und im Chor gebrüllt.

*» Sieger« siegt*

Für dieses Spiel muß man 80 bis 120 kleine weiße Kärtchen vorbereiten, die auf einer Seite mit den Buchstaben des Alphabets beschriftet sind – pro Kärtchen ein Buchstabe. Die Karten liegen mit der Beschriftung nach unten auf einem großen, von allen Seiten zugänglichen Tisch ausgebreitet. Die Spieler – drei bis vier zur gleichen Zeit dürfen es sein – fangen auf ein Kommando damit an, ein Kärtchen nach dem anderen umzudrehen und die Buchstaben des Wortes »Sieger« herauszufischen. Wer zuerst damit fertig ist und dem Spielleiter die sechs Karten des gewinnbringenden Wortes präsentiert, bekommt einen Preis. – Es spricht nichts dagegen, für die zweite und weitere Runden des Spiels andere »Schlüsselwörter« zu vereinbaren. Zum Beispiel kann auch ruhig einmal derjenige siegen, der die »Verlierer«-Kärtchen vom Tisch geangelt hat.

## *Tips*

Für dieses Spiel, bei dem auch Kinder begeistert bei der Sache sind, braucht man pro Mitspieler fünf bis zehn Spielmarken, Nüsse, (eingewickelte) Bonbons oder ähnliche Zutaten. Der Spielleiter bestimmt, wer zuerst an die Reihe kommt.
Das »Opfer« wendet sich ab oder geht hinaus. Unterdessen schiebt jeder Teilnehmer eine Marke aus seinem Vorrat in die Mitte der Tischplatte. Der Spielleiter berührt eine der regellos nebeneinander liegenden Marken und sagt »Tips« dabei. Nun darf das »Opfer« wiederkommen. Es nimmt eine Marke nach der anderen von der Tischplatte weg, muß aber sofort mit dem »Einkassieren« aufhören, wenn es die »Tips«-Marke (großes Geschrei der Zuschauer!) berührt. Die restlichen Marken bleiben liegen und werden für die zweite Runde – ein neuer Spieler, ein neues Glück! – von jedem Teilnehmer um eine Marke ergänzt. Dann beginnt das Spiel mit einem neuen »Opfer« wieder von vorn.

## *Glitschig, stachlig, eklig*

Alle Spieler sitzen am Tisch und halten die Hände unter die Platte. Der Spielleiter gibt sorgfältig vorbereitete Gegenstände nach rechts oder links, eventuell auch abwechselnd, weiter, zum Beispiel einen alten, mit nassem Sand gefüllten und zugebundenen Handschuh, einen nassen Schwamm, eine Knetgummi-Schlange, ein Stückchen Eis, eine streichholzgespickte Kartoffel, ein Stückchen Pelz, eine Drahtbürste, einen angefeuchteten Lederlappen (Fenster- oder Autoleder) oder eine getrocknete Silberdistel. Wer das »Ding« fallen läßt oder bei dessen Entgegennahme quiekt oder schreit, zahlt ein Pfand. – Dieses Spiel läßt sich auch als Tast-Kim spielen: Wenn die Gegenstände einmal herumgewandert sind, muß jeder für sich aufschreiben, was er gefühlt zu haben glaubt. Sieger ist, wer die meisten Sachen richtig erkannt hat.

## KLEINE VIRTUOSITÄTEN

### *Die Gefangenenbefreiung*

Die Spieler sitzen im Kreis. Jeder hat einen Gummiring, wie er zum Zusammenhalten von Päckchen benutzt wird, um den Kopf gelegt, und zwar über Hinterkopf und beide Ohrläppchen, vorne über die Wangen und zwischen Nase und Oberlippe hindurch, eine symbolische Fesselung darstellend. Auf das Startkommando versuchen alle, ohne Zuhilfenahme der Hände, ihre Gummifesseln loszuwerden. Wer die besten Grimassen schneiden kann, wird den Ring zuerst über das Kinn befördert haben, so daß er schließlich rings um den Hals hängenbleibt.

### *Seifenigel*

Jeder Mitspieler erhält a) ein kleines Stück Seife, am besten eine etwa zwei Zentimeter dicke Scheibe, die von einem Normalstück abgeschnitten wurde, b) einen Teller mit Stecknadeln und c) die Aufgabe, innerhalb von dreißig Sekunden so viele Nadeln wie möglich in die Seife zu pieken. Es ist verboten, sich dabei in den Finger zu stechen. Der Teilnehmer mit dem am dichtesten benadelten Seifenigel hat gewonnen.

### *Das Kerzenfest*

Auf einem Brett oder dicken Stück Pappe stehen zwanzig Weihnachtsbaumkerzen in einer oder zwei Reihen, und zwar so gut befestigt, daß sie nicht beim ersten Hauch umfallen können. Ein Spieler macht den ersten Versuch, während die anderen zusehen. Er hat die Aufgabe, so viele Kerzen wie möglich mit einem Streichholz anzuzünden. Der Kniff dabei ist, sich vor Beginn der Prozedur Daumen und Zeigefinger anzufeuchten, so daß es kurz vor dem Verbrennen der Finger keine Schwierigkeiten macht, das Hölzchen umzudrehen, und am verkohlten Ende anzufassen. Der Zeitgewinn macht drei Kerzen aus.

### *Zielwerfen*

Zwei bis drei Meter von einer Standlinie (durch Kreidestriche angedeutet) entfernt steht ein Papierkorb oder nicht zu großer Papp-

*Verdammt, schon wieder daneben! Was ist nur los mit mir?*

karton. Jeder Spieler hat eine Minute Zeit, um zehn Spielkarten in den Karton zu werfen. Jeder Treffer zählt als Punkt.

### *Der Wasserberg*

Mitten auf dem Tisch steht ein randvoll mit Wasser gefülltes Weinglas. Die Spieler werfen reihum ganz vorsichtig Geldstücke (oder auch Stecknadeln) in das Glas. Es dauert eine ganze Weile, bis das Wasser sich zunächst zu einem kaum wahrnehmbaren »Berg« über die Glasränder erhebt und schließlich doch überläuft. Wer mit dem Geldstück oder der Stecknadel das Glas zum Überlaufen bringt, zahlt ein Pfand.

### *Der Wackelteller*

In die Tischplatte oder in ein Brettchen werden drei Stecknadeln gespießt, auf die man einen Teller stellt. Reihum legt jeder Spieler einen Teelöffel auf den Teller (Steinchen, Murmeln oder Nägel tun es auch), bis der Wackelteller eine der Nadeln umgeworfen hat und herunterfällt. Wer an diesem Sturz die Schuld trägt, scheidet aus. Die nächste Runde beginnt.

### *Kartenhaus*

Ein Spiel Karten wird kreuz und quer auf den Tisch geworfen, so daß sich eine flache »Kartenversammlung« bildet, bei der die Karten sich teilweise überdecken. Oben drauf stellt man ein einfaches Kartenhaus aus zwei Karten. Nun versuchen die Spieler reihum, vorsichtig jeweils eine Karte aus dem Wirrwarr zu ziehen. Das Kartenhaus darf dabei nicht umfallen. Wer sich trotz aller Vorsicht als Pechvogel erweist und das Kartenhaus zum Einsturz bringt, zahlt ein Pfand.

### *Verbogene Nägel*

Bei diesem Spiel, das sich ausgezeichnet für eine kleinere Gesellschaft von ruhigen, nicht zu stürmischen Teilnehmern eignet, sind einige Vorbereitungen nötig: Man braucht etwa vierzig, jeweils sechs bis zwölf Zentimeter lange Nägel, die mit Hilfe von zwei Beißzangen möglichst phantasievoll verbogen wurden – zu Halbkreisen, L-förmig, S-förmig, spitz abgewinkelt oder mit kleinen Haken. Außerdem muß eine Stricknadel bereitliegen. Die Nägel werden mitten auf dem Tisch zu einem wirren Haufen aufgeschüttet. Nun versucht der erste Spieler, mit Hilfe der Stricknadel möglichst viele Nägel aus dem Haufen zu angeln. Nur der berührte Nagel darf sich bewegen. Sobald einer der anderen Nägel ebenfalls in Bewegung kommt, ist der nächste Teilnehmer an der Reihe. Wer zum Schluß die meisten Nägel vor sich liegen hat, ist Sieger.

### *Der Streichholzturm*

Die Gesellschaft sitzt um den Tisch, auf dem eine leere Weinflasche steht. Der Spielleiter verteilt an jeden Teilnehmer zehn Streichhölzer und beginnt damit, auf der Flaschenöffnung einen Turm zu bauen, indem er dort ein Streichholz ablegt. Dann ist der Nächste an der Reihe. Jeder darf pro Runde nur ein Streichholz zum Turm beisteuern. Wer durch seine Ungeschicklichkeit den Turm einwirft, muß die heruntergefallenen Hölzchen einkassieren, und wer seine zehn Hölzer zuerst losgeworden ist, hat gesiegt.

*Noch ein Hölzchen. Und noch eins …*

### *Chinesisches Reisangeln*

Jeder Mitspieler bekommt einen Teller mit jeweils ungefähr der gleichen Menge ungekochter Reiskörner, dazu zwei Stricknadeln oder chinesische Eßstäbchen. Aufgabe: In zwei Minuten mit Hilfe der Stricknadeln oder Stäbchen, die ein- oder auch beidhändig gebraucht werden können, so viele Reiskörner wie möglich aus dem Teller fischen. Die Körner müssen hochgehoben werden. Wer sich damit begnügt, sie einfach über den Tellerrand zu schieben, wird disqualifiziert.

### *Gläser balancieren*

Das ist kein ernst zu nehmendes Spiel, sondern mehr ein Scherz, mit dem man einen Uneingeweihten hereinlegen kann. Man stellt die Behauptung auf, daß kein Mitspieler dazu in der Lage sei, zwei gefüllte Weingläser auf dem Tisch abzustellen. Mit ziemlicher Sicherheit wird sich jemand melden, der glaubt, es doch zu können – notfalls kann man etwas nachhelfen. Der Balancekünstler muß aufstehen und beide Hände ausstrecken. Auf die offenen Handflächen stellt man ihm zwei randvoll gefüllte Weingläser – Wasser genügt. Nun bittet man ihn, die Gläser auf den Tisch zu stellen, ohne etwas zu verschütten. Er wird Mühe haben, sie auf den Händen zu balancieren, ohne etwas zu vergießen. Daß er sie auf den Tisch stellen kann, ist bei normal großen Gläsern ausgeschlossen.

### *Flaschentanz*

Dieses Spiel gehört in die Gruppe der Scherzspiele, läßt sich also nur *einmal* durchführen, wenn man nicht von vornherein drei oder vier »Opfer« hinausgeschickt hat. Der erste Flaschentänzer sieht zu, wie der Spielleiter mit seinen Helfern sieben bis zehn leere Weinflaschen auf den Fußboden stellt – in Abständen von fünfzig bis achtzig Zentimetern etwa. Dann werden dem »Opfer«

*Vorsicht, meine Dame, nur nicht stolpern …*

die Augen verbunden. Der Flaschentänzer soll nun einen vorher festgelegten Weg durch das Zimmer zurücklegen, ohne dabei auch nur eine Flasche umzuwerfen. Dabei weiß er natürlich nicht, daß der Spielleiter die Flaschen leise und vorsichtig wegräumen läßt, während ihm die Binde umgelegt wird. Der Flaschentanz spielt sich also im »flaschenleeren« Raum ab, und der Spieler merkt erst hinterher, worüber die übrige Gesellschaft so gelacht hat.

## ... AM LAUFENDEN BAND

### *Puste behalten*

Auf zwei Stuhlreihen sitzen die Spieler einander gegenüber. Jeder hat einen Trinkstrohhalm im Mund. Der Spielleiter hält den beiden Konkurrenten am unteren Ende der Reihe je ein markstückgroßes Stückchen dünnen Karton hin. Das Blättchen muß durch Ansaugen mit dem Strohhalm festgehalten und an den nächsten Spieler weitergegeben werden, ohne daß es herunterfällt oder mit den Händen berührt wird. Da das Kartonblatt nicht zu schwer sein darf, sollte man die Sache vorher ausprobieren. Die Gruppe, deren Blättchen zuerst ohne Panne am anderen Ende der Reihe angekommen ist, hat die beste Puste und bekommt einen Preis.

### *Miniatur-Korbball*

Der schwere Ball des »richtigen« Korbballspiels wird durch ein Tischtennisbällchen pro Mannschaft ersetzt; anstelle des Korbnetzes braucht man pro Mannschaft zwei Eierbecher – und die Spieler sitzen einander, in zwei Gruppen aufgeteilt, gemütlich gegenüber. Sonst gibt es aber im Vergleich zum großen Korbballspiel keine wesentlichen Unterschiede. Der erste Spieler jeder Reihe nimmt in jede Hand einen Eierbecher und versucht, den Tischtennisball, der auf dem einen der beiden Becher liegt, in den zweiten Eierbecher zu blasen. Wenn ihm das gelungen ist, kommt der zweite Spieler jeder Gruppe an die Reihe. Die Mannschaft, deren Tennisball auf diese Weise den letzten Spieler überstanden hat, ohne heruntergefallen zu sein, hat den Siegespreis redlich verdient.

*Naseweise Annäherung – in diesem Fall erwünscht*

## *Die Nasenstafette*

Die Spieler sitzen im Kreis. Der Spielleiter nimmt die Hülse einer Streichholzschachtel und setzt sie sich auf die Nase. Sein Nebenmann muß ihm die Hülse mit der Nase abnehmen, ohne dabei die Hände zu benutzen. So wandert sie von Nase zu Nase bis zum Spielleiter zurück. Wer die Hülse fallen läßt, zahlt ein Pfand.

## *Löffel-Stafette*

Die Spieler sitzen einander in zwei Reihen gegenüber. Jeder hat einen Teelöffel im Munde, und zwar den Griff, denn die Löffelmulde wird nun dazu benutzt, um ein Stück Würfelzucker, einen Tischtennisball oder einen Knopf von Spieler zu Spieler ohne Zuhilfenahme der Hände weiterzugeben. Gemeinsamer Start ist unerläßlich. Wenn der Gegenstand herunterfällt, muß er zum Ausgangspunkt zurück.

# PFÄNDEREINLÖSEN – ABER WIE?

## *Ein paar Tips*

Ein Tip vorweg: Meistens reicht die Spielzeit nicht mehr für die Einlösung aller Pfänder aus. Wenn man vergessen hat, die nötige halbe oder ganze Stunde einzukalkulieren, kann man deshalb versuchen, drei oder vier »Sünder« gleichzeitig dranzunehmen. Was soll der Pfand-Lieferant allein oder gemeinsam mit anderen Leidensgenossen tun? Rechts ein paar Beispiele:

1. Einen Satz sagen, in dem kein R vorkommt.
2. Drei Wörter nennen, die vor- und rückwärts gelesen werden können.
3. Eine Rede über die Unsterblichkeit der Maikäfer halten.
4. Drei Leberreime (Seite 100) machen.
5. Sich selbst eine Strafpredigt halten.
6. Elf Sekunden pfeifen, ohne zu lachen.
7. Auf einen Stuhl steigen und dreimal krähen.
8. Zur Musik einer Schallplatte ein Orchester dirigieren.
9. Auf einem Bein hüpfend jedem Anwesenden etwas Nettes sagen.
10. Eine Lügengeschichte erzählen.
11. Sein Testament machen und jedem Mitspieler etwas vererben.
12. Ein beliebiges Gedicht aufsagen.
13. Zwei Schnellsprechverse (Seite 106) aufsagen, ohne zu stottern.
14. Seinen Lebenslauf erzählen.
15. Einen (nicht vorhandenen) Gast von der Tür abholen und unter vielen Komplimenten ins Zimmer führen.
16. Drei verschiedene Tierstimmen nachmachen.
17. Von 200 rückwärts bis 170 zählen.
18. Ein Rätsel (Seite 81) oder eine Scherzfrage (Seite 88) lösen.
19. Mit dem Mund einen Apfel aus einer wassergefüllten Schüssel fischen.
20. Seine größten Vorzüge und Fehler (je drei) nennen.
21. Drei Fragen mit Ja beantworten. (Haben Sie aufgehört, Ihre Frau zu schlagen?)
22. Eine Zeitungsmeldung nach einer bekannten Melodie (z. B. Guter Mond, du gehst so stille) singen.
23. Das 1 × 12 aufsagen.
24. Das Alphabet rückwärts aufsagen.
25. Einen Reim machen, in dem der eigene (Vor-)Name als Reimwort vorkommt.
26. Einen aufgeblasenen Luftballon dreißig Sekunden lang auf der Stirn balancieren.
27. Jedem Mitspieler einen guten Rat geben.
28. Ein Sprichwort (als Pantomime) vorspielen.
29. Rücklings auf dem Stuhl sitzend durch das Zimmer reiten.
30. Einen Solotanz vorführen.

# Kopfnuß und Zungenbrecher

# STOTTERN, EINE KUNST

Behaupten Sie bitte nicht, verehrter Leser, das Stottern sei gar keine Kunst. Wenn Sie wirklich dieser Ansicht sein sollten, versuchen Sie es doch einmal mit der b-Sprache (Seite 105). Wetten, daß Sie schon beim ersten »gebeten« Satz danebenhauen?

> Koborf eberfibindebet eibeinebe Mibittabagszeibeitubung, webelchebe, webenn maban siebie gebelebeseben habat, ibist maban sabatt.

Na bitte! Eibeinebe aubausgebezeibeichnebetebe Übübubung! Und dazu eine Art Geheimsprache, die man ohne Wörterbuch und Grammatik lernen und sprechen kann. Auch das Stottern will gelernt sein. Wir fingen schon als Kinder damit an:

> Meine Mi, meine Ma, meine Mutter schickt mich her,
> ob der Ki, ob der Ka, ob der Kuchen fertig wär.
> Wenn er ni, wenn er na, wenn er noch nicht fertig wär,
> käm' ich mi, käm' ich ma, käm' ich morgen noch mal her.

Natürlich gibt es auch ernsthaftere Beschäftigungen auf dem »Spielsektor«, bei denen man sich in der Kunst üben kann, Worte einmal anders zu setzen. Das folgende Kapitel bringt eine ganze Menge Beispiele dafür. Fangen Sie mit ein paar Schnellsprechsätzen an, sie machen Kopf und Zunge so schön geschmeidig. Wie wäre es übrigens mit ein paar selbsterfundenen Zungenbrechern? Sie müssen nur darauf achten, daß möglichst viele Versprech-Möglichkeiten in den Satz eingebaut werden. Der »Kottbuser Postkutscher« ist ein gutes Vorbild. Bei einer besonders gewieften Gesellschaft können Sie ruhig auch einmal jedem die Aufgabe stellen, innerhalb von drei Minuten einen Schnellsprechsatz zu erfinden. Dann kommen Sprüche dieser Art dabei heraus:

> Silberne Ottern stottern stets träge.
> Kann Klabautermann lieblich zwitschern?
> Schnellsprechsätze spricht Peter lieber gemessen.
> Drei Truthähne treten frech neben vier Dreibeine.

*Klotz, Klotz, Klotz am Bein …*

Bedeutend schwieriger ist schon das »Wörter bauen« (Seite 120), bei dem ein möglichst langes und ausgefallenes Wort im »Rundgespräch« allmählich aufgebaut wird. Oder wie wäre es mit einer Viertelstunde »Wauderkelsch« (Seite 94)?
Am schönsten sind Wortspielereien da, wo ein paar für unfreiwilligen Humor begabte Spieler mitmachen. Sie geben zum Beispiel den Reimspielen erst die richtige Würze. Wissen Sie, wer Friederike Kempner war? Eine »dichtende Jungfrau«, die jeder Kenner als das »Genie der unfreiwilligen Komik« verehrt. Zum Beispiel schrieb sie folgenden Vers:

Wenn der holde Frühling lenzt
und man sich mit Veilchen kränzt,
wenn man sich mit festem Muth
Schnittlauch in das Rührei thut,
kreisen durch des Menschen Säfte
neue, ungeahnte Kräfte –
jegliche Verstopfung weicht,
alle Herzen werden leicht,
und das meine fragt sich still:
»Ob mich dies Jahr einer will?«

Nun war Friederike, die man auch den »Schlesischen Schwan« nannte und deren Neffe übrigens der berühmte Kritiker Alfred Kerr war, trotz allem eben doch ein Genie. Eine zweite Probe:

Arglos und harmlos,
glücklich ich bin –
hör ich das Böse,
denk' ich nicht hin!

Ob sich unter Ihren Gästen nun gerade offenkundige Genies befinden werden, denen ähnlich reizvolle Reime auf der Zunge liegen, kann der Verfasser dieses Bändchens natürlich nicht beurteilen. Aber es könnte ja immerhin sein, daß Sie zufällig ein verkanntes Talent eingeladen haben. Gerade beim Spiel ergeben sich großartige Möglichkeiten für heimliche Morgenstern-Verehrer, Eugen-Roth-Imitatoren und geübte Schüttelreimer. Geben Sie ihnen die Chance ihres Lebens, endlich einmal aus dem Dunkel des stillen Kämmerleins an das Licht strahlender Umworbenheit zu treten. Setzen Sie solche Talente als Spielleiter ein! Bei vielen Wortspielereien kommt es darauf an, daß ein wortgeübter und einfallsreicher Zeitgenosse die Fragen stellt oder die Überleitungen vornimmt. Sie müssen durchaus nicht alles selbst machen – ganz im Gegenteil. Je kräftiger Sie Ihre Gäste zum Spielen und Mitmachen bringen, desto zufriedener und begeisterter werden selbige nach Hause gehen und Ihren Ruhm verbreiten. Nichts ist schlimmer als ein autokratischer Gastgeber, der das ganze Spielen nur als günstige Gelegenheit ansieht, sich selbst präsentieren zu können. Damit ist natürlich nicht gesagt, daß Sie sich bequem in Ihren Sessel setzen und Ihre Gäste sich selbst überlassen sollen. Behalten Sie den Überblick und geben Sie Hilfen – manchmal unmerkliche, manchmal deutlichere – damit das Spiel nicht im Sand versackt oder eine ganz verkehrte Richtung nimmt. Und machen Sie aus dem ernsthaft betriebenen, aber im Grunde harmlosen Spiel keine »Überbrettl«-Veranstaltung. Das wäre zuviel des Guten.

## QUIZ UND RÄTSELHAFTES

### *Quiz, Quiz, Quiz!*

Für alle Quizspiele gilt, was auch für »normale« Spiele zutrifft: Sorgfältig vorbereiten! Am besten stellt man bei größeren Gesellschaften zwei Mannschaften auf, deren Antwortleistungen nach Punkten bewertet werden. In kleinerem Kreis teilt man, vom Quizmaster abgesehen, alle Teilnehmer auf zwei Gruppen auf. Ein Quiz ist kein Staatsexamen. Man muß sich deshalb bei der Zusammenstellung der Fragen und Aufgaben davor hüten, sich auf reine Wissensfragen zu beschränken. Quiz soll eine Art Gehirnmassage sein und verschüttete Wissensquellen aufdecken, mehr nicht, von der vergnüglichen Unterhaltung abgesehen. Ein

*Donnerwetter, eine harte Nuß ist das wieder!*

paar Vorschläge, was man mit seinen »Quizzern« alles anstellen kann:

1. *Lebensläufe raten.* Man sucht sich aus Geschichtsbüchern und Nachschlagewerken Lebensläufe bekannter Persönlichkeiten heraus und schreibt sie in Kurzfassungen nieder – die unbekannteren Anhaltspunkte zuerst, die bekannteren anschließend. Nach jedem Satz darf geraten werden, um wen es sich handelt.
2. *Fragezeichenpromenade.* Zitate aus dem Büchmann-Zitatenschatz oder einem ähnlichen Werk auswählen. Vorlesen und dabei das »Stichwort« auslassen, das geraten werden muß.
3. *Buchautoren raten lassen.* Der Titel wird genannt. Oder: Kurze Inhaltsangabe vorlesen, Autor und Titel raten lassen.
4. *Fremdwörter.* Aus dem Lexikon oder Wörterbuch eine Kollektion von Fremdwörtern oder fremdsprachlichen Ausdrücken (z. B. ad acta legen, summa cum laude, spiritus rector usw.) heraussuchen. Deutsche Bedeutung raten bzw. angeben lassen.
5. *Zitate ergänzen.* Viele Zitate (im »Büchmann« nachschlagen) bestehen aus zwei gut erkennbaren Hälften. Erste oder zweite Hälfte angeben, die andere Hälfte raten lassen. Beispiel: Wenn ihr's nicht fühlt / ihr werdet's nicht erjagen.
6. *Musik-Quiz.* Aus mehr oder weniger bekannten Ouvertüren, Liedern, Duetten, Sinfonien usw. typische Stellen von etwa 30 Sekunden vorspielen (Klavier oder Plattenspieler) und, je nach Alter des Publikums, Komponist, Titel usw. raten lassen.
7. *Für Lyrikfreunde.* Aus charakteristischen Gedichten vier bis sechs Zeilen vorlesen, nach Autor und Titel fragen.
8. *Wissensfragen.* Mit Vorsicht und Phantasie aussuchen. Lexikon! Nicht zu speziell werden. In verschiedene Sachgebiete aufteilen.

9. *Abkürzungen.* Abkürzungen nennen – z. B. BRD (Bundesrepublik Deutschland), DIN (Deutsche Industrie-Norm), E auf einem Autoschild (Spanien) usw. – und Bedeutung raten lassen.

## *Nie sollst du mich befragen*

Die Spieler sitzen im Kreis, der Spielleiter beginnt bei einem »Opfer« mit der peinlichen Befragung über ein beliebiges oder auch vorher festgelegtes Thema. Das »Opfer« darf antworten, wie es will – nur nicht mit Ja oder Nein. Beispiel:
»Haben Sie heute abend gute Laune?«
»Man sagt es.«
»Haben Sie heute schon mehr als einmal gelogen?«
»Keineswegs.«
»Wissen Sie Ihren Geburtstag auswendig?«
»Nachmittags immer.«
Der Spielleiter muß die Kunst beherrschen, möglichst solche Fragen zu stellen, auf die man eigentlich mit Ja oder Nein antworten müßte. Je rascher Fragen und Antworten einander abwechseln, desto schneller unterläuft dem Opfer der erste Fehler, und der nächste Spieler kommt an die Reihe. Sieger sind alle Spieler, die mindestes fünf Minuten durchhalten.

## *Teekessel*

Bei diesem altbekannten Spiel geht es darum, ein Wort mit zwei Bedeutungen zu raten. Zwei Spieler gehen hinaus und vereinbaren, welche Nuß sie der übrigen Gesellschaft zum Knacken geben wollen. Dann beginnen sie – vom allgemeinen zum deutlicheren Umschreiben übergehend – mit dem Spiel. Bei dem Begriff »Hut« könnte das zum Beispiel so aussehen:
A.: Mein Teekessel ist eßbar.
B.: Mein Teekessel ist meistens rund.
A.: Mein Teekessel kommt in der Küche vor.
B.: Meinen Teekessel findet man im Kleiderschrank.
A.: Mein Teekessel ist heute unmodern.
B.: Mein Teekessel wird bei Damen ebenfalls rasch unmodern...
Nach jedem Fragenpaar müssen die Mitspieler raten, welcher Begriff gemeint ist – hier also der Zuckerhut und der Hut als Kopfbedeckung.

Andere Teekessel-Wörter: Feder (Schreibfeder/Hühnerfeder), Bett (Flußbett/Federbett), Hose (Kleidungsstück/Windhose), Bahn (Eisenbahn/Rodelbahn), Nase (Bergnase/Gesichtserker), Mark (Geldstück/Knochenmark), Niete (Fehllos/Kupferniete) und Schloß (Gebäude/Vorhängeschloß).

### *Einkreisen*

Ein (während der Beratung der übrigen Gesellschaft hinausgeschicktes) »Opfer« muß herausfinden, welchen Begriff sich seine Mitspieler ausgedacht haben, und zwar hat es gewonnen, wenn es ihm gelingt, nach zwanzig oder dreißig Fragen (Zahl vorher festlegen!) die richtige Antwort zu finden. Der Frager muß dabei mit möglichst umfassenden »Oberbegriffen« anfangen und allmählich zu enger umgrenzten »Gruppenbegriffen« kommen. Beispiel: Handelt es sich um einen konkreten Begriff? Um einen abstrakten Begriff? Wenn konkret: Ist es ein toter Gegenstand? Ein Lebewesen? Wenn es sich um ein Lebewesen handelt: Ist es ein Mensch, der Teil eines Menschen? Eine Pflanze? Ein Tier? Wenn ein Tier gemeint ist, wird nach der Tiergruppe weitergefragt – bis schließlich, nach weiteren Abgrenzungs- oder Einkreisungsfragen, so etwas wie »Regenwurmschwanz«, »Kakaduauge« oder »Goldbarschgräte« herauskommt. Es darf nur mit Ja oder Nein geantwortet werden.

### *Wie liebst du es?*

Ein Spieler wird hinausgeschickt, damit die anderen einen Gegenstand vereinbaren können, der geraten werden soll. Das »Opfer« darf, nachdem es wieder hereingelassen wurde, nach Herzenslust reihum fragen, muß sich dabei aber auf drei Fragesätze beschränken: 1. Warum liebst du es? 2. Wo liebst du es? 3. Wie liebst du es? Sieger ist, wer es mit den wenigsten Fragen schafft, das Wort zu raten.

*Mir recht, recht viel Herz, so lieb ich es!*

*Mit wem habe ich nur Ähnlichkeit?*

## *Bin ich Napoleon?*

Einer der Gäste wird hinausgeschickt. Bevor er wieder ins Zimmer kommt, einigen sich die übrigen darauf, für welche Persönlichkeit aus Geschichte, Kunst oder auch Sage sie das »Opfer« halten wollen. Durch geschickte Fragen muß der »Prominente« nun herausfinden, wer er ist. Es empfiehlt sich, die Chancen zu begrenzen und dem »Opfer« nicht mehr als 20 Fragen einzuräumen. Direkte oder zu kräftig andeutende Antworten sind verboten. – *Abwandlung:* Man schickt zwei Spieler hinaus, möglichst eine Dame und einen Herrn, und läßt die beiden durch gegenseitiges Ausfragen raten, wen sie darstellen sollen.

## *Kim*

Dieses Spiel hat Rudyard Kipling, der Autor der »Dschungelbücher«, zuerst beschrieben, obwohl es zweifellos älteren Ursprungs ist. Es ist nicht nur amüsant, sondern gleichzeitig auch ein guter Gedächtnis- und Aufmerksamkeitstest. Man stellt ein Tablett auf den Tisch (oder reicht es herum), auf dem zehn bis zwanzig kleine Gegenstände ausgebreitet sind, zum Beispiel Haushaltsgegenstände, Schreibtischutensilien, kleine Spielzeuge oder auch Schmuckstücke. Bei Kipling handelte es sich um Edelsteine. Wenn das Tablett wieder hinausgewandert ist, muß jeder Mitspieler innerhalb von drei Minuten aufschreiben, welche Gegenstände er sich gemerkt hat.

## *Geburtstage raten*

Hier eine bewährte Methode, durch einen einfachen Rechenkniff den Geburtstag und -monat eines Mitspielers zu raten – in Wirk-

lichkeit also zu berechnen. Man bittet das »Opfer«, den Tag der Geburt (Monatstag) zu verdoppeln, fünf hinzuzuzählen, die Summe mit 50 malzunehmen und zuletzt die Monatszahl dazuzurechnen. Man läßt sich die Summenzahl sagen, zieht die »magische Zahl« 250 ab – und schon hat man das Ergebnis.
Die erste Zahl des Restes – bei vierstelligen Ergebnissen die ersten beiden Zahlen – ergibt den Monatstag, die letzte Zahl oder die beiden letzten bei drei- und vierstelligen Zahlen – den Monat.
Beispiele: Geburtstag am 3. Dezember: 3 × 2 = 6 + 5 =11 × 50 = 550 + 12 = 562. Davon 250 abgezogen ergibt 312, Geburtstag also am 3. 12. – Geburtstag am 31. Februar: 31 × 2 = 62 + 5 = 67 × 50 = 3350 + 2 = 3352. Davon 250 abgezogen ergibt 3102, Geburtstag also am 31. 2.

### *Hände raten*

Eine Tür wird mit Hilfe eines Vorhanges, den man in etwa 170 Zentimeter Höhe befestigt, in eine kleine Bühne verwandelt. Immer drei Spieler auf einmal verschwinden möglichst ungesehen hinter dem Vorhang, hocken oder setzen sich hin und halten ihre Hände über die »Rampe«. Jacken sollten vorher ausgezogen und Ärmel zurückgeschoben werden, damit außer den nackten Händen keine Anhaltspunkte zu sehen sind. Die Zuschauer müssen raten, wem die Hände gehören. Die letzte Dreiergruppe zeigt den Ratern zur Abwechslung nicht die Hände, sondern die Füße. Das geht so vor sich, daß der Spielleiter jedem

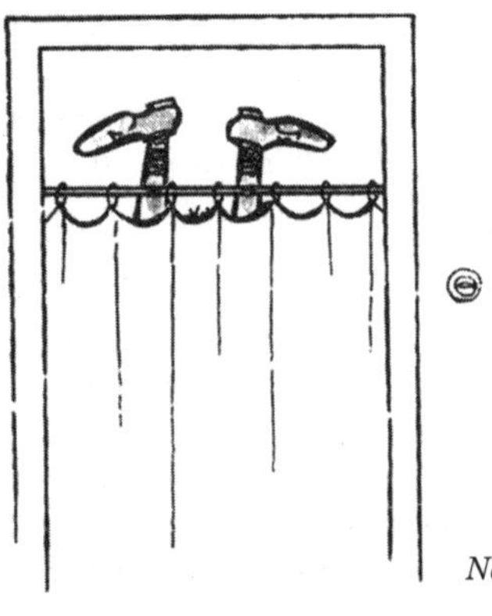

*Nanu? Wer steht da schon wieder kopf?*

dieser Spieler ein Paar Herrenstrümpfe in die Hand drückt. Die Strümpfe werden über die Hände gezogen. Dann zieht jeder Spieler dieser letzten Gruppe seine Schuhe aus und hängt sie über die Hände. Was dabei herauskommt, präsentiert sich zur Verwunderung der Zuschauer möglichst bewegt über dem Bühnenvorhang.

## *Nasen raten*

In einer Ecke des Zimmers wird eine Pappwand von etwa zwei Meter Höhe und 150 Zentimeter Breite aufgebaut, die in etwa 110 Zentimeter Höhe ein Loch von 3–4 Zentimeter Durchmesser bekommt. Am besten verkleidet man eine Türöffnung mit der Papptafel. Die eine Hälfte der Spieler kann dann vor der Pappe bleiben, die andere dahinter. Eine Gruppe macht den Anfang.
Nacheinander treten die verschiedenen Akteure hinter die Pappe, wobei jeder seine Nase (oder auch den Daumen) durch die Öffnung steckt. Die Spieler auf der anderen Seite der »Nasenbühne« müssen raten, wem der Riecherker (oder Daumen) gehört. Für jede richtig geratene Nase gibt es einen Pluspunkt. Ist die eine Gruppe fertig, kommt die zweite an die Reihe, ihre Nasen zu präsentieren.

## *Das Flüsterspiel*

Die Spieler sitzen im Kreis. In der Mitte steht ein »Opfer« mit verbundenen Augen und zeigt in eine beliebige Richtung. Der dort sitzende Mitspieler flüstert einen Satz aus fünf oder sechs Wörtern. Erkennt der »Blinde«, um wen es sich handelt, nennt er den Namen des Flüsterers und darf mit ihm den Platz tauschen.

## *Nüsse schätzen*

Mitten auf dem Tisch steht ein Einkochglas, das mit Walnüssen (auch Murmeln, Münzen, Spielmarken und ähnliche Dinge eignen sich) gefüllt ist. Drei Minuten lang bekommen die Spieler Zeit, die Stückzahl des Inhalts zu schätzen. Ihre Vermutungen werden aufgeschrieben. Dann wird der Inhalt des Glases ausgezählt. Wer der wirklichen Zahl am nächsten kommt, ist Sieger.

*Scherzfragen zum Aussuchen*

Was ist längst fertig und wird doch täglich gemacht? (Das Bett)

Was schlägt ohne Hände? (Die Uhr)

Welche Ellen kann man essen? (Sardellen)

Was ist wärmer als ein Pelz? (Zwei Pelze)

Welcher Ring ist nicht rund? (Der Hering)

Was sieht aus wie ein Storch, ist aber keiner? (Die Störchin)

Mit welchem Hut kann man nicht grüßen? (Mit dem Fingerhut)

Womit fängt der Tag an und hört die Nacht auf? (Mit t)

Wie sieht ein Neger aus, der ins Rote Meer fällt? (Naß)

Wer spricht alle Sprachen? (Das Echo)

Was gehört zu einem gut sitzenden Handschuh? (Der zweite)

Welche Mücken fressen Mücken? (Die Grasmücken)

Wo führen die Flüsse kein Wasser? (Auf der Landkarte)

Wieviel Nägel braucht ein gut beschlagenes Pferd? (Keinen)

Was ist schwärzer als der Rabe? (Seine Federn)

In welchem Monat ißt man am wenigsten? (Im Februar)

Wer geht mit mir baden und wird nicht naß? (Mein Schatten)

Wo wird das Heu gemäht? (Nirgends)

Welche Hose kann kein Schneider machen? (Die Windhose)

Auf welcher Straße ist noch keiner gefahren? (A. d. Milchstraße)

Was liegt zwischen Berg und Tal? (Das Wort *und*)

Welche Zähne bekommt man zuletzt? (Die künstlichen)

*Eine Handvoll Rätsel*

Feuer löscht sonst Wasserflut,
mich setzt Wasser erst in Glut. (Kalk)

Die Schöpfung hat nur einen,
doch jeder Schöpfbrunn' seinen. (Schöpfer)
*Rückert*

Ein angebrannt Gericht
behaget nicht.
Doch eins ist mir bekannt,
das schmeckt erst angebrannt. (Tabak)

Getrennt: mir heilig.
Vereint: abscheulich. (Meineid)
*Schleiermacher*

Der es macht, der will es nicht,
der es trägt, behält es nicht,
der es kauft, gebraucht es nicht,
der es hat, der weiß es nicht. (Sarg)

Der arme Tropf
hat einen Hut und keinen Kopf,
und hat dazu
nur einen Fuß und keine Schuh'. (Pilz)

Mit drei Armen bind' ich alles,
mit vier Armen fass' ich alles,
mit fünf Armen trag' ich alles. (und, rund, Grund)

Das letzte ist ein Dieb
und kann die ersten zwei nicht leiden.
Das Ganze ist auch ein Dieb
und stiehlt im Leben die ersten beiden. (Tagedieb)

Der Tag ist mir verhaßt,
die Nacht ist mein Vergnügen;
zwar Federn hab' ich nicht,
doch kann ich wacker fliegen. (Fledermaus)

Mein Erstes ist ja nicht die Sonne,
mein Zweites ist die Wahrheit nicht,
drum geb ich oft nur trügerische Wonne
und stets ein ungewisses Licht. (Mondschein)
*Schleiermacher*

Man läßt ihn sprechen,
man läßt ihn stechen,
es ist ein Vogel
und ein Gebrechen. (Star)
*Rückert*

Eben was die gute Saat,
tut die schlecht genähte Naht;
was der Mond in stiller Nacht,
eben das tut acht von acht. (aufgehen)

Heute muß er stützen,
morgen muß er schützen,
übermorgen strafen.
Wer kennt diesen Sklaven? (Stock)
*Güll*

Wenn du den ziehst, wird der Most
dir entgegenschäumen;
wenn du das tust, reift dir einst
edles Obst an Bäumen. (Pfropfen)
*Rückert*

Nimm mir ein Nu,
so bleib' ich ein Nu. (Monument)
*Schleiermacher*

Ich bin kein Doktor und kein Bader,
doch jedermann laß ich zur Ader.
Undank ist leider stets mein Lohn.
Mein Nam' ist: Hurtig Hüpfdavon. (Floh)

Das erste sollst du sein, das zweit' bist du gewesen,
und durch des Ganzen Macht von aller Not genesen.
*Schleiermacher* (Christkind)

## SPIEL MIT WORTEN

### *Die lange Liste*

Zwei Gruppen werden gebildet. Eine macht den Anfang und sagt rasch hintereinander alle Städtenamen auf, die ihr einfallen, wobei zwar immer nur einer sprechen darf, die Reihenfolge innerhalb der Gruppe aber nicht vorgeschrieben ist. Fallen der Gruppe keine Namen mehr ein, kann der Spielleiter sie »ausknocken«, indem er bis zehn zählt, und die andere Gruppe ist an der Reihe. Alle Spieler passen auf, daß sich kein Städtename wiederholt, und die am längsten durchhaltende Gruppe hat gesiegt. Anstelle der Städtenamen kann man auch Nahrungsmittel, Tiere, Flüsse, Gebirge oder – schwieriger – Dichter, Erfinder, Buchtitel oder ähnliche Begriffe wählen.

### *Versteckte Tiere*

Keine Angst, es gehört nicht viel Gedankenarbeit dazu, in einen harmlosen Satz einen Tiernamen so einzubauen, daß er auf den ersten Blick nicht wiederzufinden ist. Geben Sie jedem Mitspieler fünf Minuten Zeit, sich einen solchen Satz auszudenken. Die Sätze werden dann der Reihe nach vorgetragen. Alle müssen mitraten. Wer zuerst draufkommt, bekommt einen Punkt. Beispiele:

1. Wie kann man nur so närri*sch wein*en, Angelika?
2. Der stolze Dreimaster *kam el*baufwärts gefahren.
3. Nach einem Fußbad drückt der unbequemste Sc*huh n*icht mehr.
4. Du sollst dich mit dem neuen Kleid nicht ins H*eu le*gen!
5. Ich denke an dic*h und* schreibe dir bald wieder.

Anstelle von Tiernamen kann man auch Blumen, Farben, historische Persönlichkeiten, Ortsnamen oder Flüsse in den Sätzen verstecken und raten lassen.

### *Das Vergleichsspiel*

Was für Gemeinsamkeiten haben zum Beispiel ein Apfel und ein Ball? Beide sind rund, haben eine Außenhaut, können wegrollen, kosten Geld oder lassen sich in die Tasche stecken. Schwieriger wird es schon, wenn ein Krokodil und eine Fichte miteinander verglichen werden müssen. Beide sind ziemlich lang, haben eine borkige Haut, können schwimmen und erreichen ein beträchtliches Alter. – Auf den Gemeinsamkeiten ist dieses Spiel aufgebaut: Die Teilnehmer sitzen im Kreis. Einer nennt zwei Gegenstände, die miteinander verglichen werden sollen, wirft einem Mitspieler den Plumpsack (siehe Seite 178) oder einen kleinen Ball zu und zählt bis dreißig. Innerhalb dieser Frist muß der Partner mindestens drei Vergleiche geliefert haben, sonst zahlt er ein Pfand. Löst er seine Aufgabe richtig, ruft er zwei neue Gegenstände aus und wirft den Plumpsack weiter.

### *X erinnert an Y*

Der Spielleiter nennt ein Hauptwort, das ihm gerade einfällt, zum Beispiel »Feld«. Der nächste Mitspieler muß nach dem Schema »X erinnert an Y« ein zweites Hauptwort mit »Feld« verknüpfen, etwa »Feld erinnert an Weizen«. Der dritte Spieler bringt »Weizen« mit einem weiteren Begriff in Verbindung, zum Beispiel »Weizen erinnert an Mehl« und so fort. Wenn jeder Mitspieler ein Wort genannt hat, wird die Wörterkette »aufgewickelt«: Beginnend mit dem Spielleiter muß jeder versuchen, alle Wörter hintereinander aufzusagen, und zwar von hinten angefangen. Wer sich verhaspelt, zahlt ein Pfand oder scheidet aus.

### *Subjekt und Objekt*

Zwei Spieler einigen sich draußen, welches »Subjekt« und »Objekt« geraten werden soll. Der eine von ihnen verkörpert vielleicht Sherlock Holmes (Subjekt), der andere dessen Shagpfeife (Objekt). Andere Beispiele: Minister Erhard und die Zigarre, Nofretete und ihre Kopfbedeckung, Edison und die Sprechmaschine oder Nehru und sein weißes Käppchen. Die beiden Spieler sitzen in der Mitte des Raumes, von den anderen Teilnehmern umgeben, und werden nun ausgefragt. Dabei dürfen sie nur mit Ja oder Nein antworten. Es empfiehlt sich, zuerst das Subjekt zu ermitteln. Unter gewieften Spielern sollte man die Zahl der Fragen auf jeweils zwanzig je Subjekt oder Objekt begrenzen.

*Städte-Kette*

Reihum werden deutsche und (oder) ausländische Städtenamen aufgesagt. Dabei muß der zweite Städtename mit dem letzten Buchstaben des Namens der ersten Stadt beginnen und so fort. Beispiel: Hamburg – Gießen – Nottingham – Münster – Regensburg – Glasgow – Wattenscheid. Anstelle der Städtenamen kann man auch Flüsse, Gebirgszüge, prominente Persönlichkeiten oder Tiere auf die gleiche Art miteinander verketten. Wer nach drei Sekunden keine Antwort weiß, scheidet aus, bis zum Schluß zwei Unermüdliche das harte Turnier zu Ende fechten.

*Verpackte Wörter*

Während ein Spieler draußen wartet, einigen sich die übrigen auf ein Wort, das möglichst nicht weniger als fünf Buchstaben haben sollte. Nun wird der Wartende hereingerufen. Er darf jedem Mitspieler eine Frage stellen, in deren Antwort das vereinbarte Wort vorkommen muß. Wenn er nach einer Fragerunde noch nicht weiß, wie das Wort heißt, kann man ihn mit einem Pfand oder Minuspunkt »bestrafen«.

*Wörter bauen*

Reihum wird am Bau eines Wortes gebastelt. Jeder Spieler steuert einen Buchstaben dazu bei. Der erste sagt zum Beispiel *D* und denkt an Düsseldorf, der zweite *Da* für Danzig, der dritte *Dam*, weil er auf Damhirsch spekuliert, der vierte *Dame*, weil ihm das Wort Damenschneider vorschwebt, der fünfte *Dames*, denn sein Wort heißt Damespiel, und so weiter, bis das Wort in einer Sackgasse gelandet ist – dann zahlt der letzte ein Pfand – oder endlich zum glücklichen Abschluß gebracht wurde.
Wer dem Wörterbau einen neuen Buchstaben hinzufügt, darf natürlich nicht drauflosphantasieren, sondern muß wirklich ein bestimmtes Wort im Kopf haben. Jeder Spieler hat das Recht, seinen Vorgänger nach diesem Wort zu fragen, wenn er vermutet, daß geschummelt worden ist. Kann der Gefragte das Wort nennen, zahlt der Mißtrauische ein Pfand, sonst muß der Hereingefallene selbst eins abliefern.

## *Ausgesprochen einsilbig*

Der Spielleiter beginnt das Spiel. Er fragt seinen rechten Nachbarn irgend etwas, zum Beispiel: »Sagen Sie, wie war eigentlich das Ergebnis Ihrer letzten Prüfungsarbeit?« Der Angesprochene darf antworten, was er will, unter der Bedingung, daß er nur einsilbige Wörter verwendet. In diesem Fall könnte er etwa sagen: »Recht brav. Kein Grund zum Harm. Mehr war nicht drin.« Wenn der Befragte seine Aufgabe richtig gelöst hat, darf er selber weiterfragen und so fort. – Die Sache ist schwieriger, als sie auf den ersten Blick aussieht.

## *Wauderkelsch*

Dieses Spiel gehört zur Kategorie des höheren Blödsinns und macht deshalb in der richtigen Gesellschaft besonders viel Spaß. Es kommt darauf an, zusammengesetzte Wörter zu nennen, deren Anfangskonsonanten ausgetauscht wurden. Statt Zimmerlinde muß also Limmerzinde gesagt werden statt Landstraße Strandlaße, statt Türschloß Schlürtoß – und so weiter. Um die Sache etwas komplizierter zu machen, kann man vorschreiben, daß das zweite Wort mit dem Endbuchstaben des ersten beginnen muß, das dritte mit dem letzten Buchstaben des zweiten Wortes, und so geht es reihum weiter. Wem kein passendes *Wauderkelsch*-Wort einfällt, der zahlt ein Pfand.

## *Schnellsprech-Olympiade*

Dem »Opfer« wird ein Buchstabe genannt, und nun muß es innerhalb von sechzig Sekunden so viele Wörter wie möglich aufsagen, die mit diesem Buchstaben beginnen. Der Spielleiter zählt mit und paßt auf, daß keine unerlaubten Wiederholungen vorkommen. »Gehen« zählt zum Beispiel nur einmal, die Formen »geht«, »ging«, »gegangen«, »geh!« usw. dürfen hingegen nicht angerechnet werden. Der schnellste Sprecher darf sich die trocken gewordene Kehle anfeuchten.

## *Poetische Vergleiche*

Ein »Opfer« macht den Anfang – aber keine Angst, es kommen alle an die Reihe. Der Auserwählte wird schön in die Mitte der Ge-

*Grüß Gott, Mister Robbe*

sellschaft gesetzt oder gestellt, und nun beginnen die Mitspieler, ihn mit einem poetischen Steckbrief zu versehen. Der Spielleiter gibt dabei Hilfestellung und läßt, falls notwendig, abstimmen. Die Sache geht folgendermaßen vor sich: Angenommen, Herr Schulze ist das erste »Opfer«. Mit welcher Blume läßt er sich vergleichen? Mit einer strahlenden Feuerlilie oder einer gefährlichen Tollkirsche? Mit einem bescheidenen Gänseblümchen oder einer milden Kamille? Das Ergebnis kann aufgeschrieben werden, dann geht es weiter mit dem dazugehörigen Tier, der passenden Landschaft, dem Möbelstil, dem Kleiderstoff, Schmuckstück und Musikstück. Wenn man will, kann man auch noch herauszufinden versuchen, welches Getränk und welche Speise Herrn Schulze entsprechen würde, wer ihn gemalt und wer ihn bedichtet hätte. Das Ergebnis könnte ungefähr so aussehen: Herr Schulze ist wie eine Nelke, ein Polarbär, der Ural, der Teakholzstil, der Noppentweed, ein Platinring, der Jägerchor aus Webers »Freischütz«, ein Gin-Fizz, ein Paprikahuhn, ein Gedicht von Mörike und ein Bild von Dali.

## SÄTZE, SEHR VERWIRREND

### *Das Haus vom hölzernen Mann*

Die Teilnehmer sitzen im Kreis oder um den Tisch. Einer macht den Anfang und sagt, während er eine Streichholzschachtel hochhält: »Dies ist das Haus vom hölzernen Mann!« Der zweite Spieler muß diesen Satz wiederholen, und zwar um eine weitere Zutat ergänzt; zum Beispiel: »Dies ist die Tür zum Haus vom hölzernen Mann.« Dann folgt der dritte etwa mit »Dies ist das Schloß von der Tür zum Haus vom hölzernen Mann«. Spieler Nr. 4 ergänzt: »Dies ist der Schlüssel zum Schloß von der Tür zum Haus vom hölzernen Mann« – und so fort bis zum letzten Spieler der Runde. Wer etwas ausläßt, keine Ergänzung weiß oder steckenbleibt, scheidet aus. Übrig bleiben nur die ganz gewieften Wortkünstler.

*Reise durch das Alphabet*

»Ich fahre heute nach... (folgt der Name eines Landes mit A)«, sagt der erste Spieler. Sein Nebenmann erkundigt sich: »Was tust du dort?« Nun antwortet der erste Spieler mit einem ganzen Satz, dessen Wörter, vom »ich« abgesehen, ebenfalls mit A beginnen müssen – zum Beispiel: »Ich fahre heute nach Australien.« – »Was tust du dort?« – »Ich arbeite an alten Affenschaukeln.« Der Antwortsatz muß mindestens ein Verb, Adjektiv und Substantiv enthalten. Der zweite Spieler kommt mit B an die Reihe, der dritte mit C, bis die Reise durch das Alphabet zu Ende ist oder jeder zweimal dran war.

*Kofferpacken*

»Ich packe meinen Koffer und lege ein Hemd hinein«, beginnt der erste Spieler. Sein rechter Nachbar macht weiter: »Ich packe meinen Koffer und lege ein Hemd und einen Gürtel hinein.« Der nächste Spieler ergänzt: »Ich packe meinen Koffer und lege ein Hemd, einen Gürtel und ein Buch hinein.« Auf diese Weise helfen alle mit, den Koffer zu packen, bis zum Schluß zehn oder mehr Gegenstände aufgezählt werden müssen. Alle passen auf, ob einer einen Gegenstand vergißt. Der Sünder gibt ein Pfand und scheidet aus.

*Schnell, aber nur nichts vergessen!*

### *Die verlorene Zahl*

Der Spielleiter verbietet, die Zahl Fünf auszusprechen. Dann stellt er den Mitspielern reihum Fragen, die mit Zahlen beantwortet werden müßten, in denen die Fünf vorkommt, zum Beispiel: »Wieviel ist 34 weniger 9?« Nun darf auf keinen Fall mit »25« geantwortet werden. Der Spieler muß sich eine Antwort ausdenken, in der keine Fünf vorkommt – in diesem Fall also etwa »23 und 2«. Der Spielleiter kann natürlich die Fünf ungeniert benutzen. Wer sich verplappert, zahlt ein Pfand.

### *Der geschmuggelte Satz*

Zwei Teilnehmer sitzen bei diesem Konversationsspiel in den Debattiersesseln, die anderen hören zu und spielen Schiedsrichter. Jeder der beiden hat vom Spielleiter einen Zettel in die Hand gedrückt bekommen, auf dem ein (möglichst verrückter) Satz steht, zum Beispiel: »In Südamerika beginnt sich die deutsche Schlagermusik immer mehr durchzusetzen« und »Die Erfindung des Jerioskopes stellt einen Höhepunkt in der Entwicklung der Puntillographie dar«. Die Debattierer versuchen nun, ihre Sätze möglichst unauffällig in die Unterhaltung einzuschmuggeln. Selbstverständlich ist es verboten, einfach an irgendeiner unpassenden Stelle mit dem Satz herauszuplatzen. Wer das Gespräch zuerst in eine Richtung gesteuert hat, die das zwanglose Einflechten des Satzes möglich macht, hat gewonnen.

## GESCHICHTEN, FREI ERFUNDEN

### *Geschichten erzählen*

Jeder Mitspieler sucht sich ein Wort aus (es kann auch ein Name sein), zum Beispiel Schneemann, Papageno, Kassel, Nashorn, Wolke, Bürgersteig, Bonbon, Zeppelin, Kartoffel und Blumenvase. Die gewählten Wörter werden bekanntgegeben, wobei alle versuchen, sich möglichst viele Wörter zu merken. Dann beginnt der Spielleiter, eine Geschichte zu erzählen. Sowie er dabei eins der ausgesuchten Wörter ausspricht, hört er auf, und der betreffende Spieler erzählt weiter. Das hört sich etwa so an: »Als ich an jenem

dritten September in Kassel (hier kommt ›Kassel‹ an die Reihe) spazieren ging, stieß ich an der zweiten Straßenecke auf einen Schneemann (›Schneemann‹ erzählt weiter) mit blauer Nase. Er kam gerade aus dem Staatstheater, wo Papageno (›Papageno‹ übernimmt das Wort) soeben zu einem rauschenden Mißerfolg geworden war. Auf dem Bürgersteig (›Bürgersteig‹ spricht weiter) lagen verfaulte Kartoffeln ...«
Wer seinen Einsatz verpaßt, zahlt ein Pfand.

*Wortsalat*

Dem jüngsten Mitspieler werden die Augen verbunden. Dann legt ihm der Spielleiter ein aufgeschlagenes Buch (eine Zeitung tut es auch) vor und bittet ihn, mit dem Bleistift sechs Wörter »aufzuspießen«. Die auf diese Weise ermittelten Wörter schreiben sich alle Mitspieler auf und versuchen, in fünf Minuten eine Geschichte von höchstens fünfzig Wörtern zu erfinden und niederzuschreiben, in der die getippten Wörter vorkommen müssen. Die Ergebnisse werden vorgelesen. Für die beste Geschichte mit der unauffälligsten »Unterbringung« der sechs Wörter kann man einen Preis aussetzen, oder man läßt den Sieger die nächsten sechs Wörter aufspießen.

*Mein letzter Wille*

Ein Spieler, der seinen »letzten Willen« kundtun soll, wird hinausgeschickt. Unterdessen stellt der Spielleiter unter Beteiligung aller Mitwirkenden eine Liste der Hinterlassenschaft des zu Beerbenden auf. Je verrückter diese Liste ausfällt, um so mehr Spaß macht die Sache – zum Beispiel könnte man die Liebesbriefe, das überzogene Bankkonto, das freundliche Lächeln, die Badehose, das Geltungsbedürfnis und die falschen Zähne des armen Opfers aufschreiben. Wenn der hinausgeschickte Spieler wieder im Saal ist, fragt ihn der Spielleiter, wem der (zunächst ungenannte) erste Gegenstand auf der Liste vermacht werden soll. Dabei sollte

*Wollen wir Walters Willen willfahren?*

das »Opfer« nicht nur Bekannte nennen, sondern möglichst auch prominente Leute, existierende oder erfundene Vereine, Behörden und dergleichen. Erst nach der Nennung des »Erben« verkündet der Spielleiter, was jenem zugedacht wurde.

*Aber nicht doch, meine Dame, das ist unfein!*

## *Vier in der Gondel*

Stellen Sie sich vor, vier prominente Persönlichkeiten – es genügen auch halbprominente – säßen in der Gondel eines Luftballons. Der letzte Ballast ging schon über Bord, trotzdem sinkt das Luftgefährt immer tiefer. Es bleibt nur noch ein Ausweg: einer muß aussteigen. Da es sich um vier kluge Zeitgenossen handelt, soll in der Diskussion ermittelt werden, wer für die Menschheit am ehesten entbehrlich ist. – Vier Stühle stehen in der Mitte des Spielerkreises. Auf ihnen haben die vier Ballonfahrer Platz genommen. Einer von ihnen stellt zum Beispiel Miß Berlin 1961 dar, der zweite den Schah von Persien, der dritte Wilhelm von Humboldt und der vierte Thomas Alva Edison. Jeder versucht seine Wichtigkeit und Bedeutung zu beweisen. Ein Schiedsgericht entscheidet, wer als erster aussteigen muß. Zum Schluß bleibt die für die Menschheit wichtigste Persönlichkeit übrig.

## *Das Farbenspiel*

Für dieses Spiel braucht man eine Anzahl einfarbiger Karten in möglichst vielen Farbvarianten. Man fertigt sie sich am besten aus Karton und buntem Klebepapier selbst an. Jeder Spieler entscheidet sich für eine der vorgezeigten Farben. Der Spielleiter zeichnet einen nicht zu großen Kreidekreis in die Mitte des Tisches und wirft die Farbkarten hoch. Der Spieler, dessen Karte im Kreis liegenbleibt, soll nun ohne Nachdenken eine kleine Geschichte erzählen, in der seine Farbe mindestens fünfmal vorkommt. Wenn mehrere Karten in den Kreis gefallen sind, müssen ihre Besitzer satzweise abwechseln.

## GEREIMT UND GESCHÜTTELT

### *Kein – ohne*

Die Gesellschaft sitzt im Kreis. Der Spielleiter macht den Anfang und wirft einem Mitspieler ein geknotetes Taschentuch zu. Dabei sagt er die erste Verszeile eines »Kein-ohne«-Reimes auf, zum Beispiel: »Kein Winter ohne Schnee.« Der Angesprochene muß das Tuch auffangen und innerhalb von dreißig Sekunden mit einem passenden Reim antworten – zum Beispiel: »Kein Märchen ohne Fee.« Dann wirft er das Tuch weiter und liefert eine neue Anfangszeile mit, auf die der nächste Spieler wiederum einen Reim finden muß.

### *Leberreime*

Der Mann, der die Leberreime erfand, ging nicht in die Literaturgeschichte ein. Trotzdem hätte er ein Denkmal verdient, weil seine Erfindung Generationen von Spielbegeisterten zu dichterischen Leistungen ganz besonderer Art hingerissen hat.

Ein paar Beispiele von Leberreimen:
1. Die Leber ist von einem Dorsch und nicht von einer Wanze;
   Ich hab' jetzt keine Zeit für dich, weil ich viel lieber tanze.
2. Die Leber ist von einem Molch und nicht von einem Eber;
   Das Brötchen ist von mir bezahlt und nicht vom Brötchengeber.
3. Die Leber ist vom Elefant und nicht von einem Biber;
   Wenn ich jetzt was zu trinken hätt', dann wär' mir das viel lieber.

Einer dichtet Zeile 1, der nächste Zeile 2 – so kann das, so man Lust hat, stundenlang weitergehen. Auch als Pfand-Einlösespiel eignet sich das Leberreimmachen ausgezeichnet.

*Auf d'r Oalm, da sitzt d'r Bua…*

## *Schnadahüpfl dichten*

Schnadahüpfl, zu der bekannten Melodie von »Da drob'n auf dem Berge, da steht…« gesungen, entstehen auf zünftigen Festlichkeiten zu vorgerückter Stunde fast von selbst. Man braucht kein Dichter eines fortgeschrittenen Semesters zu sein, um einen der anspruchslosen Zweizeiler zustande zu bringen. Wenn man seine Gäste zum ersten Mal im Kreise Schnadahüpfl singen lassen will, schadet es aber trotzdem nichts, wenn man sie schon eine Stunde vorher diskret darauf aufmerksam macht, was geplant ist. Auch ungeübte Dichter blamieren sich nicht gerne.

Ein paar Beispiele:

1. Unser Hausherr ist reizend und die Hausfrau hat Charme,
   Doch der Wein ist zu kalt uud das Bier ist zu warm.
2. Soll man dichten und kann nicht, macht gar nix mehr Freud,
   doch jetzt hab' ich's geschafft, und das tut mir nicht leid.
3. Der Herr Meier hat gesagt, er kann Drehorgel spielen,
   Deshalb tut er alleweil nach dem Goethepreis schielen.

Kehrreim nach der solo vorgetragenen Strophe immer »Holladihi, holladiho, holladiria, holladio« – von allen mitgesungen.

## *Schüttelreime*

Wer kennt Schüttelreime? In der richtigen Gesellschaft sollte man ruhig den Versuch machen, Zweizeiler mit geschütteltem Reim (zum Beispiel: Meisterklasse / Kleistermasse, oder: schlechte Hummern / Hechte schlummern) um die Wette aufsagen zu lassen. Meistens kommt, falls nicht dieser oder jener unter Ihren

Gästen ein paar Schüttelreime auf Lager hat, ziemlicher Unsinn dabei heraus. Beispiele:

1. Die Schüler in der Meisterklasse
   bewerfen sich mit Kleistermasse.
2. Von Kasimir die Sage läuft,
   daß er in jeder Lage säuft.
3. Derweil am Marktplatz Kinder raufen,
   geht Großpapa zwei Rinder kaufen.

Eine ausgezeichnete Gehirnakrobatik ist die Schüttelreimerei aber auf alle Fälle. Der beste Zweizeiler wird prämiiert oder ins Gästebuch eingetragen.

## SINGEN MIT »HERZ UND HAND«

### *Mein Hut, der hat drei Ecken*

Zuerst wird der vollständige Kantus gesungen, möglichst mit ein paar Wiederholungen, damit er richtig »sitzt«. Dann wird ein Wort nach dem anderen ausgelassen und durch eine entsprechende Geste oder Bewegung ersetzt – bei »Hut« müssen sich zum Beispiel alle Sänger an den Kopf fassen, bei »mein« mit dem Zeigefinger an die Brust tippen, bei »drei« drei Finger hochhalten und so weiter. Zum Schluß besteht das ganze Lied nur noch aus Gesten und Bewegungen.

### *Drei Japanesen mit dem Kontrabaß*

Gar nicht schwer zu singen ist das Lied von den drei Japanesen, die mit dem Kontrabaß an der Ecke stehen und sich was erzählen. Wenn der Spielleiter die erste und einzige Strophe zur Übung ein paarmal hat singen lassen, geht es mit den Verwandlungen los. Erste Abänderung: alle Selbstlaute werden durch »a« ersetzt:

*Chinesen? Gut! Japanesen? Gut! Aber mit Kontrabaß auf der Straße …?*

»Dra Japanasan mat dam Kantrabaß…« Nächste Abwandlung mit eu: »Dreu Jeupeuneuseun meut deum Keuntreubeuß« – und so fort mit e, i, o, u, ei, au, ö, ü und ä.

## *Der Regensburger Strudel*

Damen und Herren sitzen in bunter Reihe im Kreis und singen das Volkslied »Als wir jüngst in Regensburg waren …« Beim Kehrreim stehen abwechselnd die Damen (beim Wort »schwäbische«) und die Herren (beim Wort »bayrische«) auf und setzen sich gleich wieder hin.

## *Orgelbauer*

Ein Spieler wird zum Orgelbauer ernannt. Er muß die anderen Mitspieler »wie die Orgelpfeifen« aufbauen, jedem »seinen« Ton angeben, eine Weile stimmen – er tippt die Spieler dabei mit einem

Stäbchen an, worauf sie »ihren« Ton von sich geben müssen – und schließlich versuchen, ein Liedchen zustande zu bringen. Wer einen falschen Ton singt, zahlt ein Pfand.

### *Lied auf Raten*

Ein bekanntes Volkslied wird vereinbart und einmal durchgesungen. Dann kommt die »Solopartie«: Angefangen beim Spielleiter singt jeder Spieler der Reihe nach nur drei Wörter der ersten Strophe – nicht mehr und nicht weniger. Wenn der Spielleiter also begonnen hat: »Wem Gott will«, singt der nächste in der Reihe: »rechte Gunst erweisen«, der übernächste: »den schickt er«, und der nun folgende: »in die weite« – und so weiter. Wer patzt, zahlt ein Pfand.

### *Liederkette*

Die ganze Gesellschaft singt ein vorher vereinbartes Lied. Auf ein Zeichen des »Dirigenten« wird mittendrin aufgehört. Der Buchstabe, bei dem das Lied abgebrochen wurde, muß der Anfangsbuchstabe des zweiten Liedes werden. Wer es vorschlägt, bekommt einen Punkt gutgeschrieben. Und schon geht die Liederkette weiter.

### *Lieder klatschen*

Einer mimt den Dirigenten und gibt an, welches Lied auf dem Programm steht. Dann gibt er das Einsatzzeichen. Ausnahmsweise soll das Lied aber diesmal nicht gesungen, sondern nur geklatscht werden. Wer sich verklatscht, scheidet aus. Bei der zweiten Strophe kann der Dirigent einzelne Wörter streichen. Es wird vorher festgelegt, um welche es sich handeln soll. Wer in das gespannte Schweigen der Pausen hineinklatscht, muß natürlich ebenfalls ausscheiden oder ein Pfand zahlen.

### *Meistersinger-Spiel*

Singe, wem Gesang gegeben – das ist bei diesem Spiel keine unabdingbare Voraussetzung. Es kommen endlich auch einmal die stillen Talente zu Wort, sie brauchen nur ein bißchen Phantasie mitzubringen. Zunächst einmal wird der Text festgelegt, zum Bei-

*Ich liehiehiehiebe dihich! –*
*Du mich, du mich, du mich auch?*

spiel: »Ha, Verruchter, deine Liebe / ist für mich nur leerer Wahn«, oder: »Hinter diesem finstern Tal / wohnen auch noch Leute.« Dann geht es los. Zuerst singt ein Freiwilliger auf den gewählten Text eine Opernarie mit viel Drumherum, Wiederholungen und Dramatik. Der nächste Sänger wandelt auf den Spuren der Operette. Vielleicht findet er sogar eine Partnerin, mit der sich ein Duett aufziehen läßt, aus dem Stegreif natürlich! Dann kommen der Schlager, das Kunstlied, der Männerchor, das Volkslied, der Rock 'n' Roll und so weiter, bis keinem mehr eine neue Richtung einfällt. Mit einem großen Opernchor und Quartett klingt das Meistersinger-Spiel aus. Es macht so viel Spaß, daß es gar nicht nötig ist, unbedingt einen Sieger festzustellen.

## VORSICHT, NICHT STOLPERN!

### *Die b-Sprache*

In der b-Sprache müßte die Überschrift dieser Beschreibung so heißen: »Diebie bebe-Sprabachebe«. Damit ist eigentlich schon alles gesagt. Es geht darum, hinter jeden Vokal ein b zu setzen und den Vokal dann nochmals zu wiederholen. Arrangieren Sie eine Unterhaltung zwischen zwei ernsthaften Kandidaten. Die anderen passen auf, daß die Regeln der b-Sprache nicht übertreten werden. Zur Abwechslung kann man auch einen beliebigen anderen Konsonanten zur Bildung einer neuen Sprache mißbrauchen.

*Die Fuchspelzpudelmütze*

Die Spieler sitzen im Kreis. Einer von ihnen bekommt vom Spielleiter eine Mütze oder einen Hut überreicht, und zwar mit folgendem Spruch: »Da nimm sie, eine doppelt gefütterte Fuchspelzpudelmütze, die schickt Herr Kant aus Brabant und läßt sagen, daß er der rechte, echte, doppeltgefütterte Fuchspelzpudelmützenmacher sei und bittet, sich seiner bei Bedarf zu erinnern.« – Von diesem Spruch begleitet, wandert die Mütze nun im Kreis herum, bis sie wieder am Ausgangspunkt gelandet ist. Wer einen Fehler macht, muß ein Pfand geben.

*Ein Elefant ...*

Dieses Spiel sollten Sie einmal anstelle der herkömmlichen Schnellsprechübungen ausprobieren. Es geht los mit dem ersten einfachen »Satz«, den alle möglichst schnell nachsprechen müssen, und hört mit dem höchsten Schwierigkeitsgrad auf. Wer sich verspricht, scheidet aus. Wem es Spaß macht, der darf eigene Sätze erfinden.

1. Ein Elefant
2. Zwei zauberhafte Zwillinge
3. Drei dumpf dröhnende Düsenjäger
4. Vier vorzüglich verpackte violette Vermouthflaschen
5. Fünf fürchterlich fressende, fröhlich feixende Frauenspersonen
6. Sechs seit siebzehn Jahren schüchtern süffelnde Schneemänner
7. Sieben seltsamerweise silberne Sumpfhühner, stupide südlich Sachsenhausen schnarchend
8. Acht albern aufgetakelte armselige Arbeiterdenkmäler, ängstlich am Abend ächzend
9. Neun nichtssagend nußbraune, nach niederdrückendem Nieselregen naturbedingt niedlich nasse Nachtwächter

*Zünftige Zungenbrecher*

1. Achtundachtzig achteckige Hechtsköpfe
2. Es liegt ein Klötzchen Blei gleich bei Blaubeuren
3. Ein krummer Krebs kroch über eine krumme Schraube

4. Klitzekleine Kinder können keinen Kirschkern knacken
5. Meßwechsel für Wachsmasken, Wachsmasken für Meßwechsel
6. Sechsundsechzig Stück sächsische Schuhzwecken
7. Es saßen zwei zischende Schlangen zwischen zwei spitzigen Steinen und zischten
8. Der dicke Dietrich trug den dünnen Dietrich durch das dreckige Dorf Dünnfuß
9. Meister Müller, mahle mir meine Metze Mehl, morgen muß mir meine Mutter Milchmus machen
10. Die Bürsten mit schwarzen Borsten bürsten besser als die Bürsten mit weißen Borsten
11. Wir Westerwälder Waschweiber wollten weiße Windeln waschen, wenn wir wüßten, wo warmes Wasser wäre
12. Drei Teertonnen, drei Trantonnen, drei Trantonnen, drei Teertonnen
13. Fischers Fritze fischt frische Fische, frische Fische fischt Fischers Fritze
14. Zwischen zwei Zweigen zwitschern zwei Schwalben
15. Esel essen Nesseln nicht, Nesseln essen Esel nicht
16. Der fließende Fluß voller Flöße mit flößenden Schiffern
17. Der Kottbuser Postkutscher putzt den Kottbuser Postkutschkasten mit Kottbuser Postkutschkastenpomade
18. Zinnoberrotes Flanelläppchen
19. Wenn Ladeschaffner vor einem Schokoladenladen Schokolade laden, laden Ladeschaffner Ladenmädchen zum Tanz ein
20. Ein Vater hatte drei Söhne. Der erste hieß Schap, der zweite Schapschaberak, der dritte Schapschaberakschakadomini. Eine Mutter hatte drei Töchter. Die erste hieß Sip, die zweite Sipsibelip, die dritte hieß Sipsibelipsibelibeni. Da heiratete der Schap die Sip, der Schapschaberak die Sipsibelip und der Schapschaberakschakadomini die Sipsibelipsibelibeni.
21. In Ulm, um Ulm und um Ulm herum
22. Wer nichts weiß und weiß, daß er nichts weiß, weiß viel mehr als der, der nichts weiß und nicht weiß, daß er nichts weiß.
23. Hinterm Herrenhäuschen hackt Haushahns Hans hartes Holz. Hätte Hubers hübsches Hannchen Haushahns Hans hartes Holz hacken hören, hätte Hubers Hannchen Haushahns Hans hartes Holz hacken helfen.

# Mit Papier und Bleistift

## »PSALIGPRAPHISCH« ODER GANZ MODERN?

»Es macht gewiß viel Vergnügen«, so steht in einem alten Spielbuch zu lesen, »wenn sich die Damen und Herren, auch die Kinder, in einer größeren Wintergesellschaft eine Stunde lang mit der Psaligraphie beschäftigen.« Man braucht keinen psaligraphischen Ehrgeiz zu besitzen, wenn man das liest, aber schließlich will man wenigstens wissen, was mit diesem schönen Fremdwort überhaupt gemeint ist. Die neueren Nachschlagewerke hüllen sich in vornehmes Schweigen. Wahrscheinlich waren die Herren Redakteure der Ansicht, es interessiere heutzutage keinen Menschen mehr, was es mit der Psaligraphie auf sich habe. Ein uralter Schmöker brachte endlich die Aufklärung. Unter Psaligraphie versteht man die Kunst, aus schwarzem Papier vermittels einer Schere und viel Phantasie etwas auszuschneiden, zum Beispiel Silhouetten: »Springendes Füllen«, »Goethe im Jahre 1774«, »Fräulein Müller in der Liebhaberaufführung von Shakespeares ›Sommernachtstraum‹« und dergleichen. Auf Grund dieser Erkenntnis hatte der Verfasser eigentlich die Absicht, in dieses Bändchen ein psaligraphisches Kapitel aufzunehmen. Gute Freunde rieten ihm davon ab. Kein Mensch wolle heute noch etwas mit der Scherenschneide-Kunst zu tun haben. Außerdem sei Fotografieren viel einfacher. Und schließlich gebe es doch eine Reihe ganz moderner Zeichenspiele. Zum Beispiel das Schweinchenzeichnen – es ist auf Seite 111 näher beschrieben – sei der Psaligraphie weit überlegen. Erstens verursache es eine Mordsgaudi, zweitens sei es dazu geeignet, auf dem Umweg über die Psychologie eine Menge über Persönlichkeit und geheimste Wünsche des Zeichners auszusagen, und drittens sei gerade das Schwein, das ..., und viertens ... und überhaupt.

Gut, sollen sie ihr Schwein haben, dachte der Verfasser. Da es ihm schon einmal in einer größeren Gesellschaft gelang, das unzweifelhaft reizendste und schweinischste Schwein an die Tafel zu malen, hatte er ohnedies daran gedacht, besagtes Zeichenspiel einem

*Psaligraphieren Sie schon? Oder lieben Sie mehr das Moderne?*

weiteren Publikum zugänglich zu machen. So kam es, daß die Psaligraphie schnöde unter den Tisch fiel. Wer sich in besagter Kunst trotzdem üben will – bitte, hier sind ein paar Vorschläge:

1. Jeder muß das Profil seines rechten Nachbarn (seiner rechten Nachbarin) ausschneiden.
2. Alle müssen versuchen, im Falzschnitt einen möglichst originellen Stern zustande zu bringen.
3. Märchenfiguren schneiden: einen Zwerg, eine Hexe, eine Fee, einen Drachen oder einen Riesenvogel.

Damit wäre der Ausschneidekunst Genüge getan. Was das Schweinchenzeichnen, jene moderne, gepriesene und hochpsychologische Kunst, anbetrifft – auch das ist in Wirklichkeit keine Erfindung unserer Zeit. Das Spiel von »Nutschi-Nutschi«, dem geduldigen Schweinchen, wurde schon vor achtzig Jahren in einem dicken Wälzer von Spielbuch beschrieben. Ohne Psychologie, aber sonst ganz genauso, wie man es heute zu spielen pflegt. So kann man sich irren.

Zu den Spielen des folgenden Kapitels wäre noch zu sagen, daß sie im Grunde nichts weiter verlangen als Schreibgeräte und Papier, zum Teil aber nach Möglichkeit an der Tafel gespielt werden sollten. Wo keine richtige Zeichentafel oder wenigstens ein passendes Stück Sperrholz- oder Preßstoffplatte vorhanden ist, tun es auch ein paar Bogen Packpapier, die man mit Reißzwecken an die Wand, Tür oder auf ein Reißbrett heftet. Je nach der Papierfarbe zeichnet man mit Kohle oder weißer (oder farbiger) Kreide. Gemälde auf Papier haben den Vorteil, daß man sie als Erinnerung

mitnehmen bzw. seinen Gästen mitgeben kann. Neben dem schon mehrfach erwähnten Schweinchen, dem Selbstporträt oder dem Traumhaus eignen sich unter anderem auch die Drudel (Seite 116) und Bilderrätsel (Seite 113) für die »Wandmalerei«. Da man auch bei den Zeichenspielen versuchen wird, durch Entscheidung des Spielleiters oder Volksabstimmung einen Sieger zu ermitteln, empfiehlt es sich nicht, naturalistische Themen abstrakt behandeln zu lassen. Es könnte sonst passieren, daß sich Ihre Gäste der Aufgabe, ein Schweinchen zu zeichnen, einfach durch ein paar kühn hingeworfene Dreiecke und Striche entledigen. Wollen Sie hinterher entscheiden, ob es sich bei dem abgelieferten Kunstwerk auch wirklich um einen Kotelett-Lieferanten handelt? Halten Sie die Amateur-Surrealisten unter Ihren Bekannten deshalb lieber an der Kandare des Gegenständlichen. Es wird auch so noch genug schwer Entzifferbares herauskommen.
Todsicher wird dieser oder jener Ihrer Gäste mit der Ausrede aufkreuzen, er könne nicht zeichnen. An Ihrer Stelle würde ich diese Ausrede keinesfalls gelten lassen. Wer einen Bleistift oder Kugelschreiber halten kann, in dem steckt auch ein graphischer Gestalter. Nicht die Routine des geübten Zeichners entscheidet, sondern das spielerische Talent, das sich erst beim Mitmachen und Probieren zu erkennen gibt. Lassen Sie es ruhig darauf ankommen!

## PÜNKTCHEN, PÜNKTCHEN, KOMMA, STRICH...

### *Schweinchenzeichnen*

Versuchen Sie einmal, Ihre Gäste mit verbundenen Augen ein Schwein zeichnen zu lassen, und zwar nicht auf einem Blatt Schreibpapier, sondern mit Zeichenkohle oder farbiger Kreide auf einem großen Stück Packpapier, das an die Wand geheftet wurde.

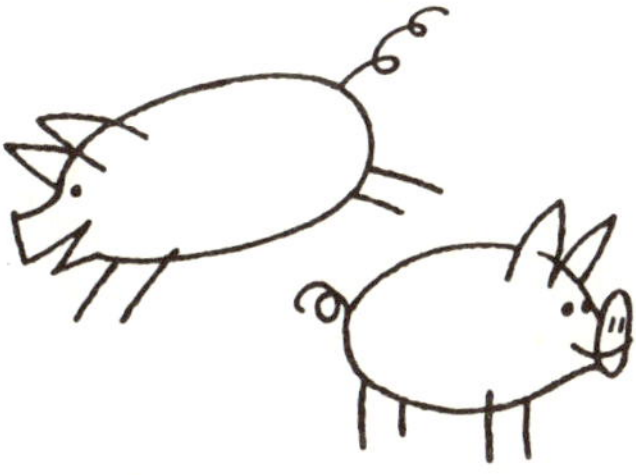

*Sind sie nicht lustig, diese Schweinchen?*

Auch Tapetenreste eignen sich vorzüglich als Schreibunterlage. Es ist erstaunlich, was für unterschiedliche Tiere dabei herauskommen: mickrige und elegante, gekonnte und geschluderte, viereckige und mollige. Eine Jury muß bestimmen, welches Schwein am besten gelungen ist. – Das Schweinchenzeichnen hat sich zwar besonders bewährt, man kann es aber zur Abwechslung ruhig mit einem Kamel, einem Haus, einer Landkarte oder dem Selbstporträt des Zeichners versuchen.

### *Strich für Strich*

Auch für dieses Zeichenspiel eignet sich am besten eine Wandtafel oder ein Stück Packpapier, das an die Wand geheftet wurde. Ein geübter Zeichner macht den Anfang und malt Strich für Strich eine Figur an die Tafel oder auf das Zeichenblatt. Nach jedem Strich dürfen die Mitspieler raten, was es werden soll. Wer die richtige Lösung zuerst findet, hat gewonnen und darf die zweite Figur malen. Man kann sein Gemälde natürlich so anlegen, daß die Mitspieler bis zuletzt in eine verkehrte Richtung raten. Damit der Zeichner nicht schummeln kann und nicht in Versuchung gerät, erst während der Malerei zu entscheiden, was zum Schluß dabei herauskommen soll, muß er dem Spielleiter vorher ins Ohr flüstern, was er darstellen will. Abstrakte Malerei ist in diesem Fall verboten.

### *Punkt für Punkt*

Jeder Spieler wird mit einem Bleistift und einem Blatt Papier ausgerüstet und erhält die Aufgabe, sieben Punkte auf das Blatt zu setzen – jeder etwa streichholzkuppengroß. Dann wird ausgetauscht. Unter Verwendung der vorgegebenen Punkte ist nun ein Porträt, eine Landschaft, eine Karikatur oder ein Haus zu zeichnen, je nach Lust und Laune des Spielleiters, wobei es sich jedoch empfiehlt, für alle Spieler *eine* Zeichnungsgattung vorzuschreiben. Auch bei diesem Spiel, kann man auf die Verteilung von Zeichenbogen verzichten und statt dessen ein »Opfer« wählen, das seine Figuren auf eine große, allen sichtbare Tafel, Preßstoffplatte oder auf einen Packpapierbogen zeichnen muß. Dabei müßte ein Spieler die Punkte malen, der nächste daraus eine Zeichnung fabrizieren.

*Galgenmännchen*

Da hängt er schon

Dieses schon ziemlich alte Spiel ist eine lustige und doch knifflige Beschäftigung für zwei Spieler. Einer denkt sich ein Wort aus, dessen ersten und letzten Buchstaben er auf seinen Zettel schreibt. Alle anderen Buchstaben werden durch Punkte ersetzt. Daneben wird ein Galgen aus drei Strichen gemalt. Der Partner muß nun Buchstabe für Buchstabe raten, an welches Wort gedacht wurde. Vielleicht steht R.......n auf dem Zettel; das Wort soll Rollwagen heißen. Nennt der Partner ein o, das sich einfügen läßt, ist alles in Ordnung; der Spieler schreibt es an der richtigen Stelle hin. Nennt er dagegen ein f, das ja nicht hineinpaßt, macht der Spieler einen Strich am »Galgenmännchen«. So geht es weiter: Jeder passende Buchstabe ersetzt ein Pünktchen, jeder unpassende läßt das Männchen wachsen. Ist das Männchen früher vollständig als das Wort, hat der zweite Spieler, der die Buchstaben nennen mußte, verloren – sonst der erste.

## BILDERRÄTSEL – RÄTSELBILDER

*Rebus*

Papier und Bleistifte werden verteilt. Alle bekommen die Aufgabe, ein mehrsilbiges Wort (zweiter Schwierigkeitsgrad: ein Sprichwort) zur Grundlage eines Bilderrätsels zu machen. Beispiele:

*Haushalt*

*Gartenplatz*

*Sonnenstich*

*Bilderrätsel selbsterdacht. Ein Bleistift, Papier und Phantasie genügen*

Die Ergebnisse werden reihum ausgetauscht, wobei jeweils der rechte Nachbar das Rätsel lösen muß. Man kann auch für alle ein Wort oder Sprichwort vorschreiben und die Spieler versuchen lassen, ein Bilderrätsel danach zu zeichnen. Die originellste oder schwierigste Zeichnung wird prämiiert.

## *Lieder raten*

Bei diesem Zeichenquiz soll jeder Mitspieler einen Liedanfang auf sein Blatt zeichnen – ohne Worte selbstverständlich; auch Noten sind nicht erlaubt. Dann werden die Blätter ausgetauscht und der Nachbar rät, welches Lied gemeint ist. Ein paar Beispiele:

*Sah ein Knab ein Röslein stehn …* | *Jetzt gang i ans Brünnele …* | *Ein Männlein steht im Walde …*

*Auch ohne Ausbildung auf einer Akademie können Sie so zeichnen*

Es kommt also gar nicht auf künstlerische Darstellung an, sondern lediglich auf die Wiedergabe der Liedsituation in ein paar Strichen. Ähnlich kann man es auch mit Buchtiteln (»Der alte Mann und das Meer«, »Die drei Musketiere« oder »Struwwelpeter«), Sprichwörtern oder Märchen- und Sagengestalten machen. Es sollen jedoch keine ausgesprochenen Bilderrätsel daraus werden!

## *Kunstwerk auf Raten*

Der Spielleiter verteilt Bleistifte und Zettel. Jeder zeichnet auf sein Blatt einen Kopf und rollt dann so weit ein, daß nur noch die Linien des Halsansatzes zu sehen sind. Dann werden die Zettel nach rechts weitergegeben. Beim zweiten »Durchgang« folgen

Körper und Arme, beim dritten die Beine. Jedesmal bekommt der Nachbar nur die Ansatzlinien zu sehen. Zum Schluß wird der Name des oder der Abgebildeten unter das Kunstwerk geschrieben. Die fertigen Porträt-Rollen werden gemischt, verteilt und geöffnet.

### *Zeichenserie*

Jeder bekommt einen schmalen, möglichst langen Papierstreifen sowie einen Bleistift und muß ganz oben auf dem Zettel eine Figur eigener Wahl und Kunstauffassung zeichnen: ein Haus, ein Porträt, ein Verkehrsmittel oder einen Einrichtungsgegenstand zum Beispiel. Dann gibt er das Blatt an den rechten Nachbarn weiter. Der schreibt darunter, was das Gemälde nach seiner Meinung darstellt, und faltet so weit ein, daß nur noch die Unterschrift zu sehen ist. Diese Bildunterschrift soll nun der Nebenmann zur Rechten illustrieren. Dessen rechter Nachbar schreibt wieder eine Bildunterschrift dazu – und so läuft der Streifen weiter, bis er vollgezeichnet ist oder einmal den Weg um die ganze Tischrunde zurückgelegt hat. Das Ergebnis der Zeichenserie (überraschend ist es in jedem Fall!) wird gemeinsam begutachtet.

### *Moderne Malerei*

Dieses Spiel eignet sich besonders für einen Kreis von vier bis acht Mitwirkenden, es erfordert den Einsatz von etwas Phantasie, drei Tuben bunter Temperafarbe und pro Spieler einige Kartonblätter, die ungefähr die Größe von normalen Briefbogen haben und einmal gefalzt sein sollten. Jeder bekommt ein Kartonblatt und faltet es auseinander. Der Spielleiter quetscht aus seinen drei Tuben jeweils etwa ein Zentimeter lange Farbschlangen auf das Blatt, nicht zu weit voneinander entfernt, und überläßt den künstlerischen Teil der Sache dem einzelnen Spieler. Dessen Talent bleibt es nun überlassen, was er aus den Farbtupfen macht. Er muß sein Kartonblatt zusammenlegen und durch Schieben, Drücken und Streichen versuchen, die Farbe auf den Innenseiten des Blattes zu verteilen. Ob dabei das Porträt von Onkel Fritz, das Abbild eines exotischen Schmetterlings oder ein abstraktes Gemälde herauskommt, spielt keine Rolle. In einer anschließenden »Kunstausstellung« wird das beste Bild prämiiert.

## *Drudeln*

Der Erfinder dieses Zeichenspiels, der Amerikaner Roger Price, definierte sein Hobby folgendermaßen: »Der Drudel ist die Erfassung einer klassischen Situation (Ur-Situation!) aus der Welt der Menschen, der Tiere oder der Dinge mit wenigen Strichen.« Auf die wenigen Striche kommt es dabei in erster Linie an – je weniger, desto besser. Es schadet nichts, wenn die lieben Mitspieler eine ganze Weile knobeln müssen, bevor sie herausbekommen, was gemeint ist, und es schadet ebenfalls nichts, wenn sie eine ganz andere Lösung als der Verfasser für richtig halten. Vorbildliche Drudel haben mehrere Lösungen! Da sich mit wenigen Worten nicht erklären läßt, was ein Drudel nun wirklich ist, sei allen Drudel-Neulingen das Studium der Beispiele auf dieser Seite

*Haben Sie schon einmal Drudel erfunden. Nein? Dann wird es höchste Zeit, daß Sie es versuchen. Hier ein paar Anregungen*

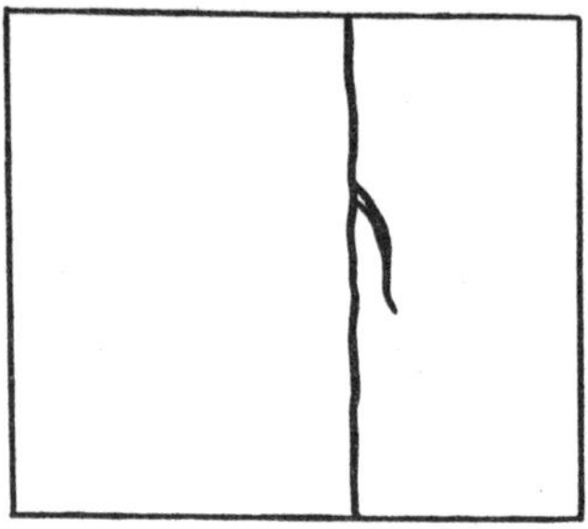

*Elefant hinter Hausecke*

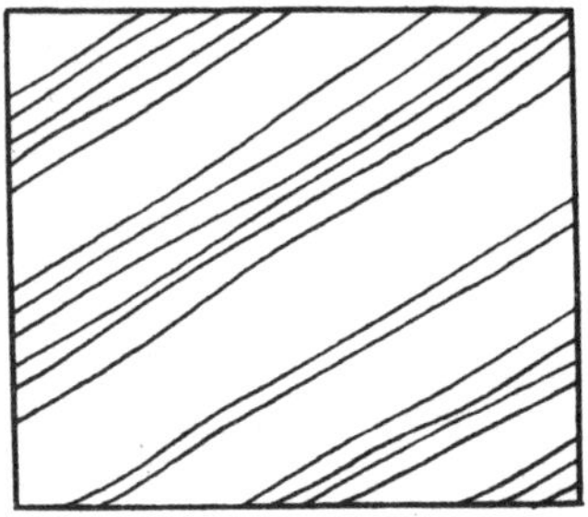

*Bildstörung im Fernsehen*

*Katze vor dem Mauseloch, von der Maus aus gesehen*

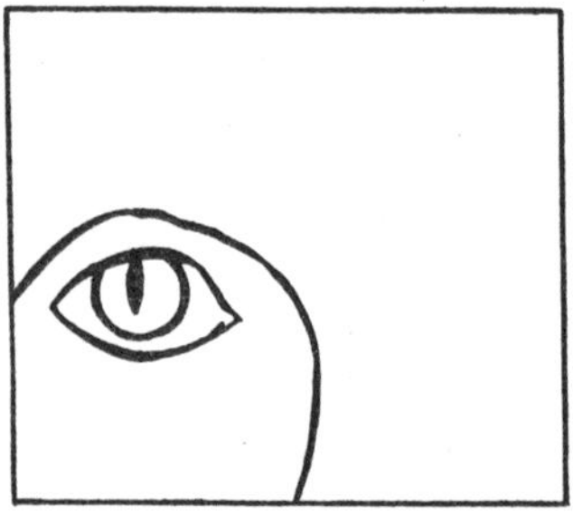

*Talsperre randvoll, im Querschnitt gezeichnet*

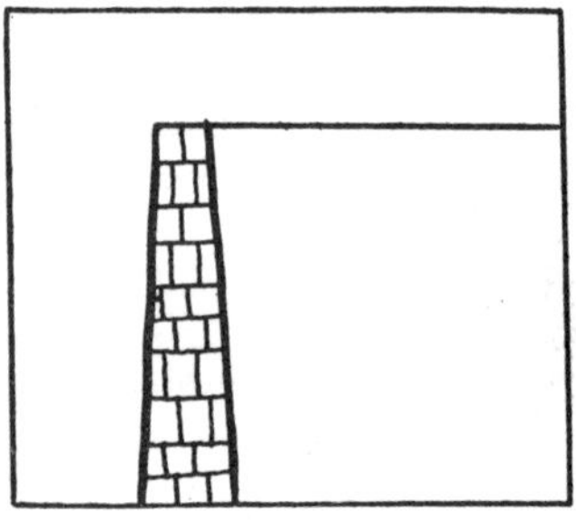

empfohlen. In der Gesellschaft kann man entweder vorbereitete Drudel an die Tafel malen und reihum raten lassen, oder man läßt jeden Mitspieler ein Drudel erfinden und den Nachbarn raten. Wer sich erst einmal mit dieser Mischung aus Intelligenz, Zeichenscherztest und Rätsel befaßt hat, wird nur noch schwer davon loskommen.

## AUF REKORDJAGD MIT DEM BLEISTIFT

### *Schnellzeichnen*

Ein Buchstabe (z. B. B, K, R, W oder Z) wird an die Tafel gemalt. Die Spieler bekommen Schreibgerät und müssen auf ein Startzeichen versuchen, innerhalb von sechzig Sekunden diesen Buchstaben möglichst oft nachzuzeichnen. In der zweiten Runde kann man anstelle der Buchstaben auch eine kleine Figur (Haus, Baum, Vase, Stuhl oder Gesicht) vorschreiben, in der dritten Runde einen sechszackigen Stern, ein Fünfeck, einen Kometen oder das Zifferblatt einer Uhr. Nach dem »Abpfiff« gibt jeder sein Blatt an den Nachbarn, der die Leistung prüft und nachzählt. Der schnellste Zeichner bekommt einen Bleistift geschenkt oder darf wählen.

### *Hexmex*

Das ist ein sehr altes Auszählspiel. Die Teilnehmer malen auf ihre Zettel zehn bis zwanzig Soldaten (Kreuze oder Kreise) und dazwischen an einer beliebigen Stelle einen König (Krone oder Reichsapfel). Nun zählt der Spielleiter nach dem Rhythmus des folgenden Verses ab:

»Hexmex mere mex,
Peter Paul Pompex
Schlägt alle bösen Buben auf den Kopf mausetot.«

Jede Silbe gilt für einen Soldaten oder König. Sind mehr Silben als Soldaten da, muß der Mitspieler die Silben wieder vom ersten »Krieger« her weiter mitzählen. Der Soldat, auf den die Silbe »tot« trifft, wird ausgestrichen. Trifft sie auf einen König, ist das ganze Heer tot, der Spieler scheidet aus und zahlt ein Pfand. Gewonnen hat derjenige Teilnehmer, der bei mehrmaligem Auszählen nach dem Vers seinen König übrigbehält.

## *Die Seeschlacht*

Karopapier und Bleistift sind das einzige Zubehör bei diesem Spiel für zwei Teilnehmer. Jeder grenzt auf seinem Blatt ein Geviert von zwölf Karos Länge und Breite ab und bezeichnet die senkrechten Reihen mit den Zahlen von 1 bis 12, die waagerechten mit den Buchstaben von A bis L. Das ist die »Seekarte«, auf der jeder nun seine Flotte einzeichnet: ein Schlachtschiff (vier Karos), zwei Kreuzer (je drei Karos), drei Zerstörer (je zwei Karos) und fünf Unterseeboote (je ein Karo). Nun beginnt der »Beschuß«: Spieler A schießt zum Beispiel auf das Feld 2 D seines Gegners. Hat er damit etwas getroffen, darf er weiterschießen und das nächste Feld nennen. Sonst ist Spieler B an der Reihe. Der Kampf geht so lange weiter, bis eine Partei alle Schiffe der Gegenpartei »versenkt« hat. Jeder zeichnet auf seinem Spielfeld die Schüsse des Gegners als Kreuze ein. Zur Kontrolle der eigenen Schüsse empfiehlt es sich, ein zweites Feld anzulegen, auf dem auch die Treffer vermerkt werden, damit nicht zweimal auf den gleichen Meeresfleck gezielt wird.

## *Käsekisten bauen*

Zwei bis vier Spieler sitzen um den Tisch. Außer Bleistiften brauchen sie nur einen Bogen kariertes Papier, der reihum weitergegeben wird. Jeder malt, wenn er an der Reihe ist, einen Strich (= Seite eines Quadrates) drauf. Wer mit seinem Strich ein Quadrat, Käsekiste genannt, schließen kann, malt sein Zeichen in dieses Feld – der erste Spieler zum Beispiel einen Kreis, der zweite ein Kreuz, der dritte einen waagerechten Strich, der vierte einen Schrägstrich. Gewonnen hat, wer die meisten Karos mit seinem Symbol kennzeichnen konnte.

# KUNTERBUNTES WORTGESCHREIBSEL

## *Kurzsprache*

Es gibt eine ganze Reihe von Wörtern, die man mit weniger Buchstaben als üblich schreiben und trotzdem lesen kann. Am besten heftet man einen großen Bogen weißes Papier an Tür oder Wand und schreibt die »Kürzel« mit Kohle oder Rotstift auf, damit sie jeder lesen und raten kann. Im folgenden ein paar Beispiele zur Anregung:

| | |
|---|---|
| NT | = Ente |
| W 1/8 | = Wachtel |
| Tt | = Tante (T an t) |
| GS | = Gans (G an S) |
| HF | = Hanf (H an F) |
| R+ | = rund |
| KR | = Kammer (K am R) |
| utH | = Vorhut (vor H ut) |
| RB | = Erbe |
| LD | = Land (L an D) |
| THemd | = Nachthemd (nach T Hemd) |
| ND | = Ende |
| KL | = Kamel (K am L) |
| NL | = Forellen (vor L N) |
| RD | = Erde |
| aa dies | = Paradies (Paar a dies) |
| trS | = Vorsteher (vor S tr) |
| Ma | = Manna (M an a) |
| –kel | = Minuskel (minus kel) |
| GG | = Gang (G an G) |
| EN | = Nachen (nach E N) |
| angH | = Vorhang (vor H ang) |

### *Georg tutet nebenan*

Wer kann in fünf Minuten die meisten Wörter aufschreiben, deren Anfangs- und Endbuchstaben gleich sind? Beispiele: Grog, Arabella, Tat, neben, Tritt, hoch. Für fortgeschrittene Semester empfiehlt es sich, anstelle der Einzelwörter ganze Sätze zu suchen – siehe Überschrift.

### *Wortklauberei*

Bei diesem Schreibspiel kommt es darauf an, aus einem vorgegebenen, möglichst nicht zu kurzen Wort möglichst viele neue Wörter zu machen. Jeder Buchstabe darf dabei bei jeder Neubildung nur so oft verwendet werden, wie er in dem Vorlagewort vorkommt. Aus SPIELBUCH kann man unter anderem folgende

Wörter bilden: Blei, Leib, Hub, Siel, Seil, Blech, Spiel, Buch, siech, Pech, Luchs, Bus, Eis, Leu, Sieb, Eis, lies, euch und Buche. Nach zehn Minuten »Arbeitszeit« wird reihum vorgelesen. Dabei streicht jeder auf seinem Blatt die genannten Wörter durch. Gewonnen hat, wer die meisten Wortschöpfungen übrigbehält. Eigennamen, Fremdwörter und fremdsprachliche Wörter gelten nicht.

### *Sprichwort-Brocken*

Alle Spieler sitzen, mit Schreibmaterial ausgerüstet, nach Möglichkeit um einen großen Tisch. Jeder muß auf sein Blatt ein bekanntes Sprichwort schreiben, und zwar a) ohne Wortzwischenräume und b) unter Weglassung sämtlicher Vokale. »Wer zuletzt lacht, lacht am besten« würde bei dieser Schreibweise also WRZLTZTLCHTLCHTMBSTN, geschrieben werden. Dann gibt jeder sein Blatt an den rechten Nebenmann weiter. Nun werden fünf Minuten Knobelzeit vorgegeben – für den Versuch, aus der Konsonantenschlange wieder ein lesbares Sprichwort zu machen. Vorsagen ist streng verboten!

### *Gefüllte Kalbsbrust*

Die Mitspieler einigen sich auf ein Wort, das mindestens sechs Buchstaben haben sollte, und schreiben es in Druckbuchstaben auf der linken Seite ihres Blattes von oben nach unten, auf der rechten Seite umgekehrt. Nun kommt es darauf an, dieses Gerüst mit (möglichst ausgefallenen) Wörtern zu füllen. Beispiel:

| | | |
|---|---|---|
| T | riebwage | N |
| R | ada | U |
| I | mbißkor | B |
| B | ümmele | I |
| U | hrzeige | R |
| N | aturtalen | T |

Zum Schluß wird vorgelesen. Dabei streichen alle Spieler diejenigen Wörter durch, die genannt werden (auch der Vorleser). Wer die meisten Wörter übrigbehält, hat gewonnen.

*Verwandlungszauber*

Hier geht es darum, ein Wort über verschiedene Zwischenstufen in ein anderes Wort zu verwandeln. Das sieht zum Beispiel so aus:

KANNE
KANTE
TANTE
TINTE
FINTE
FIETE
MIETE
MIENE
BIENE

In der leichteren Fassung des Spiels schreibt jeder ein vier- oder fünfbuchstabiges Wort auf seinen Zettel. In Abständen von jeweils einer Minute werden die Zettel nach rechts weitergegeben. Der Nachbar muß ein um einen Buchstaben verändertes Wort drunterschreiben und dann wieder weitergeben. Schwerer wird das Spiel, wenn man nicht nur das Anfangs-, sondern auch das Endwort vorschreibt.

## DICHTER AM WERK

*Stabreimsammeln*

Wieder werden Papier und Bleistifte verteilt. Der Spielleiter sagt eine Liste von Stabreimwörtern auf, und die Spieler müssen versuchen, jeweils die dazugehörigen Wörter aufzuschreiben – nicht den ganzen Stabreim. Beispiel: Angesagt wird »Kind«, notiert wird »Kegel«. Oder: Mann und Maus, List und Tücke, Roß und Reiter, Glanz und Gloria, Stumpf und Stiel, Gift und Galle, Tür und Tor, Rast und Ruh, Kopf und Kragen, Haut und Haar, Stein und Bein, Hab und Gut.

*Aufsatz schreiben*

Bei diesem Spiel muß jeder einen Aufsatz über ein vom Spielleiter angegebenes Thema schreiben. Er bekommt dafür fünf Minuten

Zeit vorgegeben. Wichtig ist, daß schon das Thema sorgfältig ausgewählt wurde, daß es »etwas hergibt«. Man darf von den Mitspielern nicht verlangen, daß sie ihre Phantasie an einem Thema »sprühend wie Leder« (Kerr) zu entzünden versuchen. Die besten drei (oder alle) Aufsätze werden vorgelesen. Themenvorschläge:

1. Mein neues Bowlenrezept (mit verrückten Zutaten und Anspielungen)
2. Gedanken eines im Mai auf unserem Dach jaulenden Katers
3. Ehrlicher Steckbrief meines besten Freundes/meiner besten Freundin
4. Lobrede auf das Finanzamt
5. Lebensweg eines Kragenknopfes
6. Was würde ich mit einem Toto-Hauptgewinn anfangen?

Vielleicht fallen Ihnen noch bessere Themen ein. Am besten sind meist solche, die sich mit Vorkommnissen im Freundes- oder Bekanntenkreis beschäftigen.

### *Das Zeitungs-Abc*

Jeder Spieler bekommt eine Zeitungsseite, außerdem Papier und Bleistift und die Aufgabe, innerhalb von fünf Minuten Wörter anzustreichen, die mit den Buchstaben des Alphabets beginnen, und zwar in der Reihenfolge des Alphabets für jeden Buchstaben ein Wort. Q, X und Y kann man dabei ausnehmen. Wer in der vorgeschriebenen Zeit nicht fertig wird, scheidet aus. Die anderen erhalten weitere fünf Minuten Zeit, um aus den gefundenen Wörtern eine möglichst lesbare und verständliche Geschichte zu machen. Gewonnen hat, wer den höchsten Prozentsatz seiner Wörter in der Geschichte unterbrachte.Wirklich nur die in der Zeitung gefundenen Wörter dürfen benutzt werden. Die Reihenfolge ist dagegen in der Geschichte beliebig. – Dieses Spiel geht meistens erst nach einem oder zwei unglücklichen Versuchen glatt über die Bühne, macht dann aber um so mehr Spaß.

### *Modespionage*

Es empfiehlt sich, den Namen dieses Spieles, das sich auch für Tanzpausen eignet, erst nach Lösung der Aufgabe zu verraten.

Jeder männliche Gast sucht sich eine weibliche Gesprächspartnerin (im Zweifelsfall möglichst nicht die eigene Ehefrau). Die Spielpaare dürfen sich ein paar Minuten unterhalten, während der Spielleiter Zettel und Bleistifte verteilt. Dann werden die Damen hinausgeschickt. Die Herren bekommen die Aufgabe, innerhalb von drei Minuten eine schriftliche Kurzbeschreibung der Kleidung ihrer Partnerin zu geben. Die Zettel werden eingesammelt, die Damen wieder hereingerufen. Nun liest der Spielleiter eine »Modereportage« nach der anderen vor. Das beschriebene »Opfer« kann man bitten aufzustehen. Die beste Beschreibung bekommt einen Preis – und die anderen werden genug Gelächter auslösen, wenn die richtige Gesellschaft beisammen ist.

### *Telegramm*

Der Spielleiter schreibt auf ein Stück Packpapier, das an der Wand oder Tür befestigt wurde, fünf bis zehn »Telegrammwörter«, die ihm aus der Gesellschaft zugerufen wurden. Dann versucht jeder, aus diesen Wörtern ein lustiges Telegramm zu formulieren. Das Ergebnis wird vorgelesen.

### *Vornamen suchen*

Der Spielleiter diktiert eine Reihe von Nachnamen berühmter Persönlichkeiten, zum Beispiel von Staatsmännern, Dichtern, Malern, Baumeistern und Wirtschaftskapitänen, und gibt dann fünf Minuten Zeit für das Dazuschreiben der Vornamen. Jeder richtige Vorname wird mit einem Punkt bewertet. Am besten bereitet der Spielleiter unter Zuhilfenahme eines Lexikons mehrere Namenlisten verschiedener Schwierigkeitsgrade vor.

### *Die Teamwork-Story*

Lange, schmale Zettel und Bleistifte werden verteilt. Jeder schreibt auf sein Blatt den Anfang einer Geschichte, faltet es so zu, daß nur noch die letzte Zeile zu sehen ist, und gibt den Zettel weiter. Der Nachbar knüpft an die noch sichtbaren Wörter an, schreibt drei Zeilen dazu – und so wandern die »Opusse« in gleicher Weise von Spieler zu Spieler. Zum Schluß liest jeder »seinen« Zettel vor. Diesem Spiel darf man auch ein vorher festgelegtes, für alle verbindliches Thema zugrunde legen; so kann man zum Beispiel Geschichten über die erste Arbeitsstunde nach dem Urlaub, über den Tageslauf eines bekannten Filmstars oder über den Unterschied zwischen prähistorischer Bewölkung und Maikäfersterblichkeit schreiben lassen.

### *Stegreifdichter*

Die Spieler werden mit Papier und Bleistift ausgerüstet. Jeder schreibt oben auf seinen Zettel die erste Zeile des in der Entstehung begriffenen Gedichtes, also einen beliebigen Satz, faltet ihn zu und gibt den Zettel an seinen rechten Nachbarn weiter, wobei er ihm das Reimwort, das letzte Wort des Satzes, ins Ohr flüstert. Der Nachbar denkt sich eine dazu passende Reimzeile aus und schreibt sie hin, darunter setzt er eine neue Anfangszeile, faltet zu und gibt weiter, wobei er das Reimwort »seiner« Zeile wiederum dem Nachbarn ins Ohr flüstert. Dieses muntere Spiel wiederholt sich so lange, bis alle Zettel eine volle Runde um den Tisch zurückgelegt haben. Das Ergebnis (so viele »Gedichte«, wie Mitspieler beteiligt waren) wird vorgelesen. Für einen Lyrik-Sammelband reicht es in der Regel nicht, trotzdem macht die Sache viel Spaß.

### *Der Bandwurmsatz*

Jeder schreibt einen nicht zu langen Satz auf einen Zettel, knickt so um, daß nur noch das letzte Wort zu sehen ist, und gibt das Blatt an seinen Nachbarn weiter. Der versucht, einen zweiten Satz drunterzuschreiben, der mit dem letzten Wort des ersten Satzes beginnt. Zwischen den einzelnen Sätzen dürfen keine Punkte, Ausrufezeichen oder Fragezeichen, sondern nur Kommas oder Semikolons stehen. Wenn der Zettel einmal die Runde durch die ganze Gesellschaft gemacht hat, enthält er einen Bandwurmsatz von schreckenerregender Länge. Vorlesen!

### *Fünfmal W*

Wie bei einer kriminalistischen Tatbestandsaufnahme oder einer vorbildlichen Zeitungsnachricht soll hier mit fünf Antworten auf die Fragen *Wer, Was, Wie, Wann* und *Wo* geantwortet werden.

Jeder schreibt zunächst den Namen eines Mitspielers *(Wer?)* auf seinen Zettel, faltet ihn ein und gibt ihn an den rechten Nebenmann weiter, der auf die Frage *Was?* eine Tätigkeit (faulenzen, trinken, schnarchen, gehen usw.) dazuschreibt. Beim dritten *W (Wie?)* folgt ein Eigenschaftswort, zum Beispiel träge, fleißig, grün, erfreut, schwitzend oder grinsend. Beim vierten *W (Wann?)* ist eine Zeitangabe dazuzuschreiben: vorgestern, täglich, am Neujahrstag, alle Jahre zu Pfingsten, zwischen sechs und sieben Uhr oder immer. Der fünfte Spieler schreibt schließlich noch die Ortsangabe *(Wo?)* dazu, zum Beispiel im Bett, in der Untergrundbahn, auf der Zugspitze, im Lago Maggiore. – Das Ergebnis wird, notfalls mit ein paar verbindenden Worten, vorgelesen.

### *Anzeigen aufsetzen*

Wir alle können einmal vor der Notwendigkeit stehen, einen Anzeigentext entwerfen zu müssen, zum Beispiel für eine Verkaufsanzeige oder ein Heiratsinserat. Dieses Spiel ist eine gute Vorübung: Jeder Spieler schreibt oben auf seinen Zettel einen Gegenstand oder Namen, wickelt zu und gibt weiter. In der zweiten Runde wird die genaue Beschreibung daruntergesetzt, in der dritten folgen Angaben, was mit dem Gegenstand geschehen soll. Hier ein paar Beispiele: Klappriges Damenfahrrad/1,70 Meter groß, blond und von verträglichem Charakter / gegen neuwertigen Weihnachtsbaumständer zu vertauschen. Oder: Tierliebende Frohnatur/hinten und vorne neu bereift und auch sonst gut erhalten/gegen Höchstgebot zu verkaufen.

### *Warum und Weil*

Jeder Spieler schreibt auf seinen Zettel einen Satz, der mit Warum anfängt, faltet zu und gibt an den Nachbarn weiter, der eine mit Weil beginnende Antwort daruntersetzt. Der nächste fängt mit Warum wieder von vorne an, und so weiter. Das Ergebnis könnte folgendermaßen aussehen: Warum hat der Kirchturmhahn den Schnabel offen?/Weil meine Tante so vorzügliche Knödel kochen kann./Warum läuft das Wasser niemals bergauf?/Weil ich seit meiner Jugend keinen Tomatensaft vertrage.

# Buntes Allerlei

# VERLIEREN KÖNNEN ...

Im folgenden Kapitel gibt es unter anderem auch ein Spiel, bei dem – siehe Seite 139 – immer einer den kürzeren zieht, ob er will oder nicht. Und zwar im wahrsten Sinne des Wortes, denn es geht dabei um Streichhölzer oder Strohhalme verschiedener Länge. Einer muß meistens der letzte sein. Das läßt sich leider nicht ändern, von den Spielen abgesehen, wo zwar ein Sieger, aber kein eindeutiger oder einzelner Verlierer ermittelt wird.
Hand aufs Herz, sind Sie ein guter Verlierer? Ärgern Sie sich nicht darüber, wenn Sie trotz aller Mühe nicht zum Zuge gekommen sind? Macht es Ihnen nichts aus, wenn Sie beim Würfelspiel (Seite 133) immer haarscharf neben der richtigen Augenzahl liegen? Bringen Sie noch ein Lächeln zustande, wenn Sie beim Kartenspiel (Seite 140) jedesmal ein schlechtes Blatt bekommen? Läßt es Sie kalt, wenn Sie bei einem Bewegungsspiel immer als erster ausscheiden müssen und wenn Ihnen bei einem Schreibspiel (Seite 118) einfach nichts einfällt? Wenn Sie es wirklich verstehen, lächelnd den kürzeren zu ziehen, sind Sie ein fast beängstigend guter Spieler. Denn eigentlich ist es ganz menschlich, wenn man das Spiel so ernst nimmt, daß ein schlechtes Abschneiden Kummer bereitet. Wen der Verlust ganz kalt läßt, der muß durchaus kein idealer Spielpartner sein.
Es gibt übrigens eine Menge verschiedener Verlierer-Typen. Kennen Sie den, der zunächst einmal seine Mitspieler für Betrüger hält, wenn er verloren hat? Oder den, der die beleidigte Leberwurst spielt? Oder den, der am liebsten mit der Faust auf den Tisch schlagen möchte? Und den, der den anderen Gästen mit seiner Quengelei die Freude am Weiterspielen verdirbt? Wahrscheinlich kennen Sie alle diese Typen nicht, weil Sie nur nette Leute einladen. Und doch werden Sie sich Gedanken darüber machen müssen, was geschehen soll, wenn ein schlechter Verlierer zum Spielverderber zu werden droht.
Das beste Mittel, einen Verlierer dazu zu bringen, zutiefst mit

*Hoppla, warum gleich weglaufen? Jeder verliert schließlich einmal!*

seinem Schicksal zu hadern, ist die Schadenfreude. Auch wenn sie für die reinste Freude gehalten wird, sollte sie sich nur mit Maßen in Ihrer Spielerrunde breitmachen dürfen. Es gibt gute und bereitwillige Spieler, die sich nur deshalb zu schlechten Verlierern entwickeln, weil sie die Schadenfreude dazu reizt. Und es gibt Mitspieler, die ein bißchen Taktgefühl für eine überholte und überflüssige Eigenschaft halten. Zum Glück sind sie selten.
Dem Gastgeber oder Spielleiter sei deshalb vor allem bei solchen Spielern, die sich erst an die Gesetze des Spielens gewöhnen müssen – davon gibt es mehr, als Sie vielleicht anzunehmen geneigt sind – angeraten, im richtigen Augenblick mit Takt und Feingefühl, aber mit fester Hand einzugreifen, abzulenken, zu vermitteln. Es gelingt nicht immer, den letzten Rest von Groll bei einem schlechten Verlierer damit zu beseitigen, aber Sie können wenigstens das Weiterspielen retten. Schalten Sie einfach ein Spiel ein, bei dem der Verlierer zeigen kann, was für erstaunliche Fähigkeiten in ihm stecken. Seien Sie mit Spielen vorsichtig, die bei diesem oder jenem Ihrer Gäste wunde Stellen treffen, die menschliche Schwächen oder auch Bildungslücken allzu deutlich bloßstellen könnten. Unbeabsichtigt geschieht so etwas ohnehin noch häufig genug. Gehen Sie großzügig über kleine Entgleisungen oder Abirrungen hinweg, schließlich handelt es sich um Spiel, das zwar als Spiel ernst genommen werden muß, sich aber nicht zu einer Haupt- und Staatsaktion entwickeln darf. Und werfen Sie allen Ihren Charme in die Waagschale, wenn es trotz aller Behutsamkeit brenzlig werden sollte.

Aber wie sieht demgegenüber nun der ideale Mitspieler aus? Shakespeare prägte in seinem Drama »Heinrich VI.« das Wort: »Kein Weiser jammert um Verlust; er sucht mit freudgem Mut ihn zu ersetzen«, und Herder meinte: »An nichts Geliebtes mußt du dein Gemüt also verpfänden, daß dich sein Verlust untröstbar machte!«

Ein bißchen Weisheit sollte der ideale Spieler also haben, dann wird es ihm nicht schwerfallen, sich über ein verlorenes Spiel hinwegzutrösten. Das Verlierenkönnen ist eine Frage der Herzensbildung, des Charakters – trotzdem kann man es lernen. Man muß sich nur nicht selbst so entsetzlich ernst nehmen. Entweder geht man nonchalant und schweigend über eine etwas blamable Situation hinweg (drei Minuten später wird sie ohnehin vergessen sein, denn was einen selbst ärgert, nehmen die anderen doch nur am Rande zur Kenntnis), oder man übt sich in Selbstironie und versucht auf diese Weise zu »überspielen«, was einem im Spiel danebengelang.

Und dann ist diese ganze Frage, wie oben angedeutet, eben auch ein Problem, das mit der Gäste- und Spielauswahl zusammenhängt. Vermeiden Sie, daß persönliche Feindschaften und Antipathien auf dem »Spielfeld« Ihrer Wohnung ausgetragen werden. Und wenn Sie all das beherzigen, was hier unter der Überschrift »Verlieren können« geschrieben steht, wird es bei Ihnen gar keine schlechten Verlierer mehr geben können.

## STREICHHOLZ-KURZWEIL

### *Streichholztest*

Lassen Sie eine halbvolle Streichholzschachtel herumgehen. Jeder muß raten, wieviele Hölzchen die Schachtel enthält, nachdem er sie ein paarmal geschüttelt hat. Es ist kaum zu glauben, wie gewaltig man sich bei diesem Spiel verschätzen kann. Wer richtig geraten hat, darf die Streichholzschachtel mit Inhalt behalten.

### *Aus Wein wird Tinte*

Es gibt Wein, der so ähnlich wie Tinte aussieht und deshalb auch »Vino Tinto« heißt, und es soll sogar Wein geben, der nicht viel besser als Tinte schmeckt. Wie man aber Wein in Tinte und umgekehrt verwandelt, zeigt die nebenstehende Streichholzaufgabe, für die man zwölf Streichhölzer braucht.

*Aus zwölf mach zwei*

Wie man diese Streichholzaufgabe löst, zeigt die nebenstehende Zeichnung. Auf die gleiche Art kann man auch aus elf Hölzern VIER oder aus fünfzehn Hölzern FUENF machen. Dreizehn Hölzchen braucht man für die ZEHN.

*Aus acht mach zwei*

Dieses aus neun gleichen Quadraten zusammengesetzte Viereck soll in zwei Quadrate verwandelt werden. Dabei dürfen aber nur acht Streichhölzer weggenommen werden. (Lösung: Wenn man die gestrichelt gezeichneten Hölzchen wegnimmt, bleibt das große Außen- und das kleine Innenquadrat übrig.)

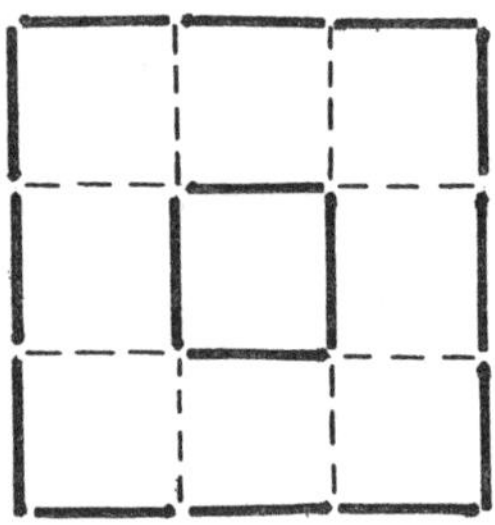

*Verwandelte Quadrate*

Aus siebzehn Streichhölzern wird diese Figur gelegt. Aufgabe: Fünf Hölzer sollen weggenommen werden, und zwar so, daß nur noch drei von den gelegten sechs Quadraten übrigbleiben. (Lösung: Die gestrichelten Hölzchen müssen vom Tisch genommen werden.)

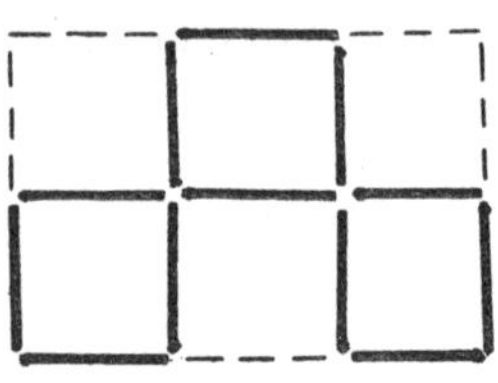

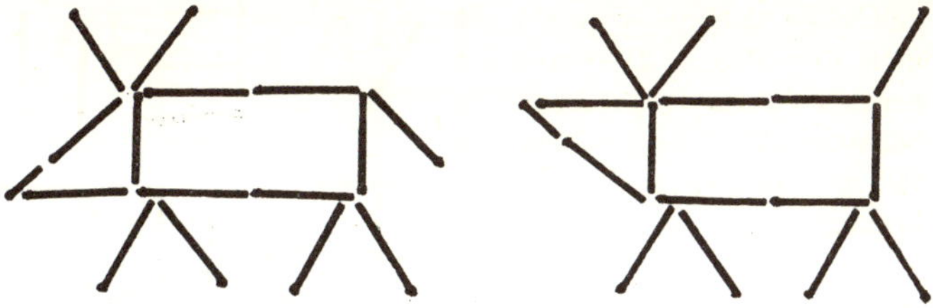

*Das traurige Schwein*

Das Schweinchen links oben, aus fünfzehneinhalb Streichhölzern auf den Tisch gelegt, macht einen ausgesprochen traurigen Eindruck. Wenn man dreieinhalb Hölzchen umlegt, kann man es in ein lustiges Schwein verwandeln.

*Streichhölzer wegzaubern*

Fünf ganz normale Streichhölzer ohne Netz und doppelten Boden werden auf den Tisch gelegt. Wer bringt es fertig, aus diesen fünf Hölzchen sechs zu machen, ohne eins zu zerbrechen? Wer diese Aufgabe gelöst hat, kann gleich anschließend versuchen, aus den fünf Hölzchen vier zu machen, ohne eins unter den Tisch zu werfen oder in die Tasche zu stecken. (Abb. unten.)

*Verzauberter Stern*

Der untenstehende sechszackige Stern besteht aus achtzehn Streichhölzern. Sechs davon sind so umzulegen, daß sechs gleichgroße Vierecke (nicht Quadrate oder Rechtecke) daraus entstehen. Dabei darf kein Hölzchen weggenommen oder hinzugefügt werden.

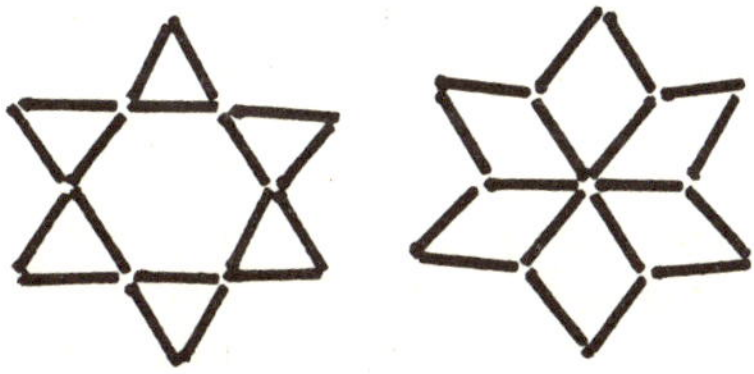

*Die Gitteraufgabe*

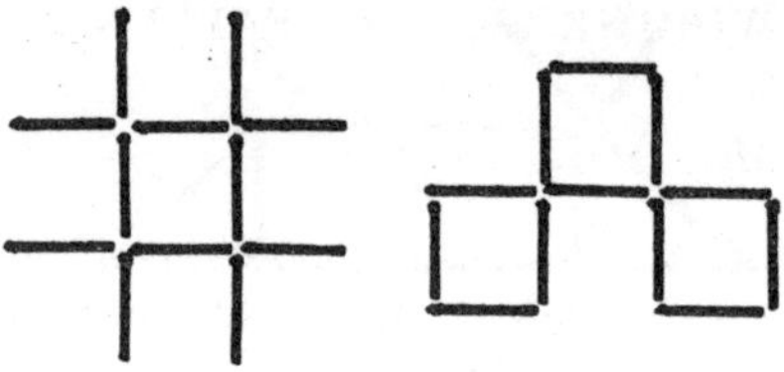

Aus zwölf Streichhölzern ist die obenstehende Gitter-Figur zu legen. Aufgabe: Drei Hölzer sollen so umgelegt werden, daß sich das Gitter in drei Quadrate verwandelt. Hinzufügen oder Wegnehmen von Streichhölzern ist nicht erlaubt.

*Geheimnisvolle Figur*

Von der untenstehenden Figur, die aus zwanzig Streichhölzern besteht, sollen sieben Hölzchen so weggenommen werden, daß neun übrigbleiben. Die übrigen Hölzchen dürfen nicht verschoben werden, sondern müssen auf ihren Plätzen bleiben.

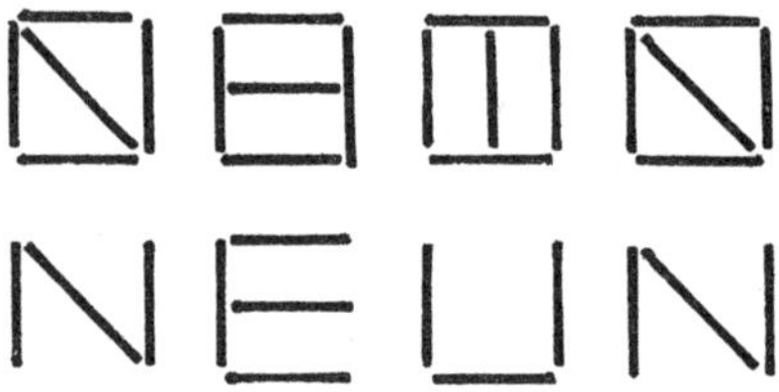

*Die Quadratvermehrung*

Aus sechzehn Streichhölzern soll die untenstehende Reihe von fünf Quadraten gebildet werden. Wenn man vier Hölzchen richtig umlegt, kann man die Zahl der Quadrate um eins verringern. Es dürfen keine Hölzchen vom Tisch genommen werden.

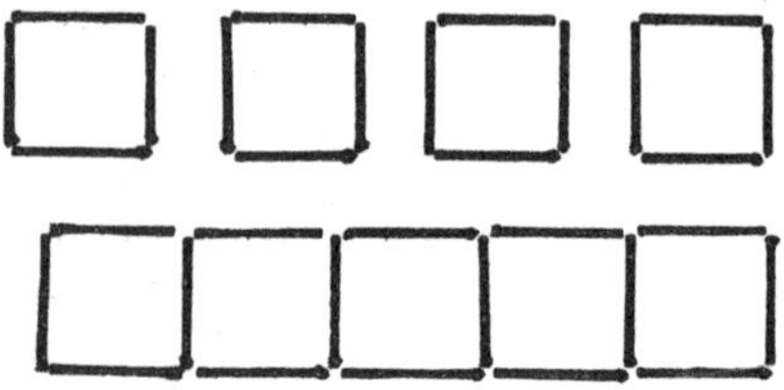

## *Mögliche Spiele*

»Karten, Würfelspiel und Wein reißen ganze Häuser ein« sagt ein altes Sprichwort. Heute geht es beim Würfeln nur selten um Geld, sondern um Spielmarken – oder am Wirtshaustisch darum, wer die Zeche bezahlen oder die nächste Runde ausgeben soll. Zur Ausrüstung gehören drei Würfel und ein Lederbecher. Ein paar Variationen:

1. *Die höchsten Augen.* Das ist die einfachste Form des Spiels. Gewertet werden die auf der Oberfläche der Würfel sichtbaren Augen. Wer die höchste Augenzahl wirft, hat gewonnen.
2. *Sterne würfeln.* Dabei werden nur die Einsen gezählt. Jeder darf dreimal werfen.
3. *Um den Stern.* Gewertet werden nur die um den mittleren Punkt liegenden Augen – bei einer Drei also zwei Punkte, bei einer Sechs kein Punkt, bei einer Fünf vier Punkte.
4. *Gefängnisluken.* Bei diesem Spiel zählen nur die Zweien. Jeder darf dreimal werfen.
5. *Bauernfenster.* Nur die Vieren werden gezählt.
6. *Blaue Augen.* Nur die geraden Zahlen gelten und werden zusammengezählt.
7. *Graue Augen.* Im Gegensatz zum vorigen Spiel werden dabei nur die ungeraden Zahlen gewertet.

## *Hohe Hausnummer*

Gewürfelt wird mit drei Würfeln und dem Becher; jeder hat nur einen Wurf. Der Kniff der Sache ist, daß nicht die einzelnen Würfel gewertet und deren Augen zusammengezählt werden, sondern daß jeder Spieler versucht, aus seinen drei Würfeln eine dreistellige »Hausnummer« zusammenzustellen. Sind zum Beispiel bei einem Wurf eine Eins, eine Sechs und eine Zwei gefallen, so ließe sich daraus die Hausnummer 621 kombinieren.

Wenn man dieses Spiel noch etwas erschweren will, kann man natürlich auch Hausnummern mit mehr Stellen würfeln. Die Wertung läßt sich übrigens auch umdrehen: Sieger ist, wer die niedrigste Hausnummer würfelt. Bei unserem Beispiel ergäbe sich die Hausnummer 126 als niedrigste.

## *Quinze*

Bei diesem Würfelspiel französischer Abstammung muß man mit beliebig vielen Würfen versuchen, fünfzehn Augen zu erreichen – oder eine Augenzahl, die dicht unter fünfzehn liegt. Wer sechzehn Augen wirft, scheidet aus. Der Witz dieses Spieles (mit jeweils nur einem Würfel) liegt in der schwierigen Entscheidung beim letzten Wurf. Der Spieler hat zum Beispiel beim ersten Wurf eine Fünf, beim zweiten eine Drei, beim dritten eine Vier, zusammen also zwölf Augen, geworfen. Wenn der vierte Wurf eine Drei bringt, hat er gewonnen. Liegt aber nach dem vierten Wurf eine Vier oder eine noch höhere Augenzahl auf dem Tisch, muß der Spieler die Segel streichen.

## *Sequenzen würfeln*

Bei diesem Würfelspiel, das mit drei Würfeln gespielt wird, kommt es darauf an, »Serien« oder »Sequenzen« wie eins-zwei-drei, zwei-drei-vier oder vier-fünf-sechs Augen zu werfen. Jeder hat drei Würfe. Man kann sich darauf einigen, daß ein oder zwei Würfel des ersten oder zweiten Wurfes auf dem Tisch liegenbleiben dürfen und der Spieler die Chance bekommt, nur noch die »Ergänzung« zu würfeln. Wer die höchste Sequenz geworfen hat, ist Sieger.

## *Pasch*

Gewürfelt wird mit dem Lederbecher und drei Würfeln. Jeder hat drei Würfe. Dabei müssen zwei Würfel immer die gleiche Augenzahl haben – also zwei Dreien, zwei Sechsen, zwei Vieren, und so weiter. Der nicht passende dritte Würfel gilt nichts. Auch die Würfe, bei denen sich keine Pasch-Paare ergeben, werden nicht gewertet. Wenn alle drei Würfel die gleiche Augenzahl aufweisen, wird ihr Wert nicht dreimal, sondern viermal gerechnet. Drei Fünfen gelten also zwanzig Augen, drei Dreien zwölf Augen und so fort.

## *Die bösen Drei*

Es wird mit einem Würfel geworfen. Jeder darf, wenn er an der Reihe ist, beliebig oft würfeln und muß versuchen, eine möglichst hohe Augenzahl zustande zu bringen. Fällt jedoch eine Drei, ist die ganze Liebesmüh vergebens: seine Würfe werden nicht gewertet und er muß den Würfel an den nächsten Spieler abgeben. Es kommt also auf weise Beschränkung an – und selbstverständlich auf ein bißchen Glück. Der Spieler mit der höchsten Augenzahl ist Sieger.

### *Kuhschwanz würfeln*

Jeder Spieler bekommt einundzwanzig Spielmarken oder Streichhölzer und legt sie so aus, daß in der ersten Reihe sechs, in der zweiten fünf, in der dritten vier Marken liegen – bis herunter zur letzten Reihe, für die nur noch eine Marke bleibt. Diese Form des Auslegens heißt »Kuhschwanz«. Mit einem Würfel wird reihum gewürfelt. Jeder darf die Marken der Reihe wegnehmen, deren Zahl mit den geworfenen Augen übereinstimmt – wenn also eine Vier gefallen ist, nimmt man die Marken oder Hölzchen der dritten Reihe von oben fort. Wer zuerst alle Reihen seines Kuhschwanzes »weggewürfelt« hat, ist Sieger.

### *Stumme Jule*

Jeder hat ein Blatt Papier und einen Bleistift vor sich. Es wird mit einem Würfel gespielt. Wer eine Eins wirft, schreibt diese Zahl oben auf seinen Zettel, dann bei dem nächsten passenden Wurf die Zwei, Drei, Vier, Fünf und Sechs. Dazwischen liegende unpassende Würfe werden nicht berücksichtigt. Wer die ganze Sechserreihe gewürfelt hat, beginnt von hinten und streicht die Sechs auf seinem Blatt aus, sobald er diese Augenzahl geworfen hat – und so fort bis zur Eins. Wer zuerst alle Zahlen wieder durchgestrichen hat, ist Sieger. Bei diesem Würfelspiel darf nicht gesprochen werden, oder man muß von vorn anfangen.

### *Zeppelin*

Auf den Tisch oder auf ein großes Blatt Papier wird ein Zeppelin gezeichnet, dessen Leib in fünf mit den Zahlen 1 bis 5 bezeichnete Felder geteilt werden muß. Die darunterhängende Gondel be-

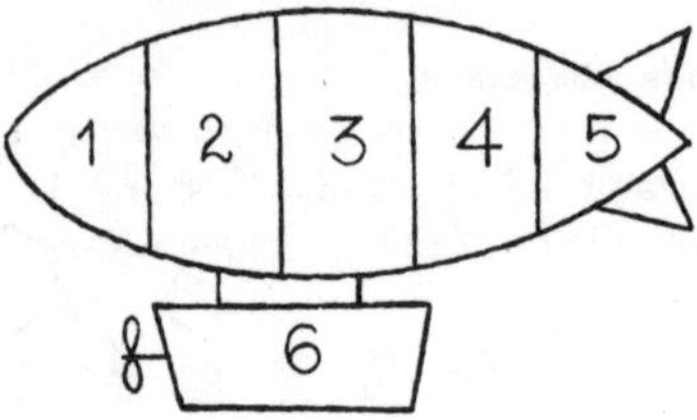


*So sieht unsere Figur aus*

kommt die Nr. 6. Jeder Spieler hat sechs Streichhölzer. Es wird mit einem Würfel gespielt. Wer eine der Zahlen von 1 bis 5 wirft, legt ein Streichholz in das betreffende Feld des Zeppelins. Ist es schon besetzt, muß er sein Streichholz behalten und auch noch das in dem Feld liegende Hölzchen kassieren. Nur die Gondel kann als Kasse beliebig viele Streichhölzer aufnehmen. Wer das letzte Hölzchen übrigbehält, ist Verlierer.

## *Streichhölzer auswürfeln*

Es wird reihum mit drei Würfeln und dem Lederbecher geworfen. Jeder Spieler hat zehn Streichhölzer vor sich liegen. Für eine Eins, muß er ein Hölzchen an seinen rechten Nebenmann weitergeben. Wenn eine Zwei fällt, bekommt auch der linke Nachbar ein Streichholz, und bei einer Sechs wandert ein Hölzchen in die Kasse auf der Mitte des Tisches. Eventuell kann man also mit einem Wurf drei Hölzchen loswerden. Alle anderen Werte gelten bei diesem Spiel nichts. Hat ein Spieler nur noch ein oder zwei Hölzchen, muß er sich nach der jeweils höchsten Augenzahl richten. Bei einer Sechs und einer Zwei kommt also zunächst ein Streichholz in die Kasse. Dann erst wird der linke Nachbar beliefert (falls der Vorrat reicht). Bei einer Zwei und einer Eins hat der linke Nebenmann mehr Ansprüche als der rechte. Wenn einem Spieler die Streichhölzer ausgegangen sind, setzt er aus, bis er von einem Nachbarn wieder eins geliefert bekommt. Verloren hat, wer noch ein Streichholz besitzt, während die aller anderen schon in der Kasse liegen.

## *Läuse würfeln*

Wie zeichnet man eine Laus? Sie hat einen eiförmigen Körper, auf jeder Seite drei Beine, einen Kopf mit zwei Augen und zwei Fühlern und schließlich noch ein Schwänzchen. Damit alle Spieler wissen, wie sich die Würfellaus zusammensetzt, malt man sie auf

*Hier kann man nur sagen: Eine Laus muß man haben!*

ein Blatt Papier, das an der Wand hängt oder in der Tischmitte liegt. Nun erhält jeder Teilnehmer einen leeren Zettel und einen Bleistift. Außerdem ist noch ein Würfel nötig. Es wird reihum gewürfelt. Jeder Spieler sucht sich eine Glückszahl aus, die zwischen Eins und Sechs liegen muß. Immer wenn »seine« Augenzahl fällt, darf er ein Stück Laus auf sein Blatt malen, also entweder den Körper oder ein Bein, ein Auge, den Schwanz und so weiter. Wer mit seiner Laus zuerst fertig ist, hat gewonnen.

## *Nackter Spatz*

Es wird mit nur einem Würfel und dem Becher gewürfelt, und zwar wirft jeder für seinen rechten Nachbarn, dem er den Becher vor der Nase auf den Tisch stülpt. Dem Nachbarn gehört die geworfene Augenzahl – mit einer Ausnahme: Wenn der Spieler einen »nackten Spatz«, eine Eins, würfelt, wird ihm selbst ein Punkt abgezogen. Nach sechs Runden wird das Ergebnis festgestellt. Wenn man will, kann man den Spieler mit der niedrigsten Zahl zum »nackten Spatzen« ernennen.

## *Punktlöschen*

Mit zwei Würfeln wird reihum gewürfelt. Wer von der Spielerrunde die niedrigste Augenzahl erzielte, malt vor sich mit Kreide einen Punkt auf den Tisch. Nach zehn Runden müssen also insgesamt zehn Punkte auf dem Tisch stehen, ungleichmäßig verteilt selbstverständlich. Nun geht es umgekehrt weiter: In den nächsten zehn Runden darf jeweils derjenige einen Punkt wegwischen oder durchstreichen, der bei einem Reihumwürfeln die höchste Augenzahl erreicht hat. Wer bei den Niedrig-Würfen keinen Punkt bekommen hat, darf sich während der zweiten zehn Würfelrunden ausruhen. Gewonnen hat der Spieler, der seine Punkte zuerst gelöscht hat.

## *Sultan*

Alle würfeln reihum mit einem Würfel. Zum Sultan wird ernannt, wer zuerst eine Sechs geworfen hat. Er darf den Mitspielern vorschreiben, welche Augenzahlen sie werfen sollen. Wer den Befehl des Sultans nicht erfüllt, zahlt ein Streichholz als Buße in die Kasse des hohen Herrn. Wer dagegen die richtige Zahl wirft, bekommt vom Sultan so viele Streichhölzer wie Würfelaugen vorgeschrieben waren. Wirft jemand eine Sechs, löst er den Sultan ab und vereinnahmt dessen Streichholzkasse.

## *Schluck, Hansel*

Dieses Würfelspiel stammt aus Oberbayern. Man braucht nichts weiter als zwei Würfel, einen Würfelbecher und ein Stück Kreide, mit dem man den »Hansel« auf den Tisch zeichnet: ganz einfach einen Kreis als Leib mit einem kleineren Kreis als Kopf und vier Haken als Beine und Arme. Um dieses Gemälde schreibt man die Zahlen zwei bis zwölf. Die Sieben wird dem Hansel – einzige Ausnahme! – auf den Bauch gemalt. Wer den Tisch nicht bemalen will, kann die Hansel-Figur natürlich auch auf ein Stück Papier oder Karton zeichnen.

Jeder Spieler hat vier Spielmarken. Es wird der Reihe nach gewürfelt. Die Augen der beiden Würfel werden zusammengezählt. Ergibt sich dabei zum Beispiel die Zahl neun, so muß der betreffende Spieler auf die Neun des Hansel-Bildes eine Marke setzen. Wenn die Neun schon besetzt ist, darf der Spieler die Marke einziehen, ohne neu setzen zu müssen. Nur die Sieben ist eine Ausnahme. Was auf diese Zahl eingesetzt wurde, bleibt stehen. Wer alle vier Marken gesetzt hat, scheidet aus. Zum Schluß bleibt ein

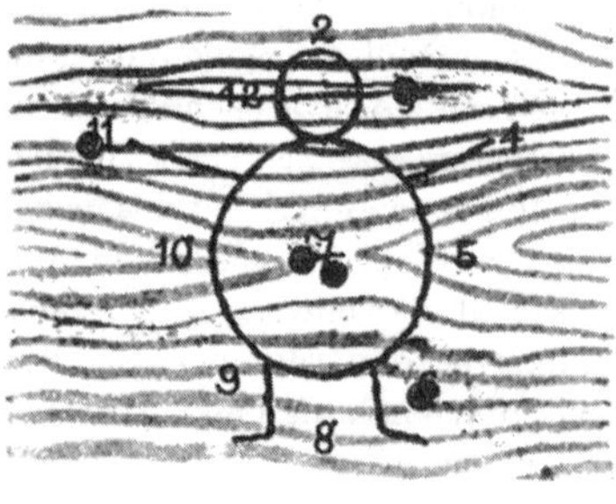


*Ist er nicht schön, unser Hansel?*

Spieler übrig, der die »Bank«, das heißt, alle auf die Sieben gesetzten Marken, als seinen Gewinn einziehen darf. Ihm gehört, was der unersättliche Hansel geschluckt hat.

## SCHNELL AUSGEKNOBELT

### *Paar oder unpaar*

Ein Spieler greift sich eine beliebige Anzahl Streichhölzer, Münzen, Steinchen oder Nüsse, schließt die Hand und fragt einen Mitspieler: »Paar oder unpaar?« Rät der Gefragte richtig, bekommt er den Hand-Inhalt. Im andern Fall muß er selbst ein Streichholz, Geldstück oder etwas ähnliches zulegen. Beim nächstenmal kommt der zweite Spieler an die Reihe.

### *Wer zieht den kürzeren?*

Ein Spieler hat so viele Streichhölzer verschiedener Länge in der Hand (zwischen Daumen und Zeigefinger, nur die Kuppen schauen gleichlang heraus), wie Spieler für das Auslosen da sind. Jeder zieht ein Hölzchen heraus. Dann werden die Längen verglichen. Der Spieler mit dem (einzigen) vollständigen Hölzchen hat gewonnen, der mit dem kürzesten Streichholz hat den kürzeren gezogen und verloren. Läßt sich auch mit verschieden langen Strohhalmen spielen.

### *Mora*

Der Name »Mora« kommt aus dem Lateinischen und heißt »Verzug«. Bei diesem sehr alten Spiel kommt es also darauf an, nicht in Verzug zu geraten, sondern blitzschnell zu reagieren. Zwei Spieler machen mit. Jeder hält die rechte geschlossene Faust in die Höhe. Auf ein Zeichen des Spielleiters strecken beide eine beliebige Anzahl Finger in die Luft und sagen gleichzeitig (mit besonderer Betonung: gleichzeitig!) eine Zahl zwischen null und zehn. Diese Zahl stellt eine Vorausschätzung dar, wie viele Finger beide Spieler zusammen in die Luft strecken. Trifft sie zu, hat der betreffende Rater gewonnen. Am besten spielt man Mora-Runden von acht bis zwölf Gängen. Wer die meisten Treffer hat, ist Sieger.

Der Unterlegene zahlt ein Pfand. Mora eignet sich zum Beispiel auch zum Ausknobeln der Spielfeldseite, des Zeche-Zahlers, der Mannschaftsaufstellung bei einem Spiel im Freien und so weiter.

### *Papier, Stein, Schere*

Zwei Spieler stehen einander gegenüber und stellen durch Knobeln fest, wer von ihnen zum Beispiel bei einem Spiel den Anfang machen soll, bei der Zusammenstellung einer Mannschaft als erster wählen darf oder die Platzwahl hat. Sie schlagen mit der geschlossenen rechten Hand zweimal durch die Luft. Beim dritten Male müssen sie »Farbe« bekennen. So hält der eine vielleicht die flache Hand ausgestreckt (Papier) oder er ballt die Faust (Stein), während der andere Zeigefinger und Daumen zeigt (Schere). Stein besiegt Schere und unterliegt Papier, Schere besiegt Papier und unterliegt Stein, Papier besiegt Stein und unterliegt Schere. Zeigen beide Spieler das gleiche Symbol, wird wiederholt.

## KARTENSPIELE – KINDERLEICHT

### *Mogeln*

Ein französisches oder deutsches Blatt wird so ausgeteilt, daß jeder Spieler gleich viele Karten erhält. Bleiben Karten übrig, werden sie verdeckt auf dem Tisch abgelegt. Dann beginnt der Spieler, in dessen Blatt sich die Herz-Sieben befindet. Er legt diese Karte verdeckt auf den Tisch und ruft dabei »Herz-Sieben«. Sein rechter Nebenmann muß nun die Herz-Acht ablegen und ausrufen, der nächste Spieler die Herz-Neun – und so fort mit Zehn, Bube, Dame, König und As, anschließend geht es mit Karo, Treff und Pik in gleicher Reihenfolge weiter, beim deutschen Blatt entsprechend. Da nicht anzunehmen ist, daß die Karten ausgerechnet in dieser Reihenfolge bei den Spielern gelandet sind, darf gemogelt werden. Jeder Spieler hat das Recht, das Spiel mit dem Ruf »gemogelt!« zu unterbrechen. Dann wird die letzte Karte auf dem Haufen umgedreht. Ist sie wirklich verkehrt, muß der Sünder den ganzen Kartenberg übernehmen. Bestätigt sich der Verdacht nicht, bekommt der Rufer das Kartenhäufchen – und das Spiel geht weiter.

### *Pärchensuchen*

Drei bis zwölf Mitspieler können an diesem Spiel teilnehmen, für das sich jedes der üblichen (vollständigen!) Kartenspiele eignet. Der Spielleiter läßt eine Karte aus dem Spiel ziehen und legt sie verdeckt ab. Alle anderen Karten gibt er reihum aus. Nun werden alle »Paare« abgelegt – zum Beispiel zwei Könige, zwei Dreien, zwei Buben usw., ohne Rücksicht auf Farbe und Bezeichnung. Im Anschluß daran läßt jeder seinen linken Nebenmann eine Karte ziehen. Das wird so lange wiederholt, bis alle »Paare« abgelegt sind. Da zu Beginn eine Karte zur Seite gelegt wurde, bleibt einem Spieler eine Karte übrig. Der Unglücksrabe muß ein Pfand abliefern oder wird zum Schwarzen Peter befördert.

### *Schnipp, Schnapp, Schnurr*

Das ist ein Kartenspiel, zu dem es keiner großen Vorkenntnisse bedarf. Lediglich ein bißchen Erfahrung mit der üblichen Reihenfolge Sieben, Acht, Neun, Zehn, Bube, Dame, König, As wird vorausgesetzt. Jeder Mitspieler bekommt die gleiche Kartenzahl. Wer rechts neben dem Geber sitzt, beginnt. Er legt eine Karte auf und sagt »Schnipp«. Wenn es sich dabei zum Beispiel um die Pik-Sieben handelt, ist nun derjenige Spieler an der Reihe, der die Pik-Acht dazugeben kann. Dabei muß er »Schnapp« sagen. Der nächste Spieler sagt »Schnurr« und legt die Pik-Neun ab. Dann kommt die Zehn an die Reihe – Begleitwort »Basilorum« – und zum Schluß der Bube, dessen Besitzer nicht nur »Burr« sagt, sondern auch die ganze Reihe einzieht und die nächste Reihe anspielt. Wer mehrere »passende« Karten hat, kann so lange anlegen, bis ihm die Puste ausgeht. Der Witz bei der Sache ist, daß man versucht, seine Karten möglichst schnell loszuwerden. Wer das als erster schafft, hat gewonnen.

### *Schlafmütze*

Ein normales Kartenspiel wird an die Mitspieler ausgeteilt. In der Mitte des Tisches liegen Streichhölzer, Münzen oder Spielmarken, und zwar jeweils eine Marke oder ein Streichholz weniger, als Spieler um den Tisch sitzen. Jeder Spieler muß versuchen, möglichst rasch eine Vierer-Serie zu ergattern, zum Beispiel vier

Könige, Buben oder Zehner. Beginnend mit dem Spieler rechts neben dem Kartengeber gibt jeder seinem rechten Nebenmann eine Karte und bekommt gleichzeitig von seinem linken Nachbarn eine. Das muß sehr rasch und gleichmäßig vor sich gehen – am besten auf Kommando. Wer zuerst eine Vierer-Serie in die Hand bekommt, greift sich eins der Streichhölzer. Die anderen machen es ihm so schnell wie möglich nach. Einer hat das Nachsehen und wird zur »Schlafmütze« befördert.

## *Alte Jungfer*

Bei diesem Spiel werden, mit den Assen beginnend, alle Karten nach Farben getrennt in der richtigen Reihenfolge in der Mitte des Tisches abgelegt. Folgende Regeln gelten dafür: Ein normales Kartenspiel wird ausgeteilt. Jeder legt seine Karten in einem verdeckten Päckchen vor sich hin. Der Spieler rechts neben dem Kartengeber fängt an. Er deckt die oberste Karte seines Päckchens auf. Ist es ein As, wandert es in die Mitte. Sonst kommt der nächste Spieler an die Reihe. Auch er blättert eine Karte auf. Liegt bereits ein As in der Mitte, kann der Spieler den dazugehörigen König drauflegen – und so fort. Er darf alle passenden Karten, die er von seinem verdeckten Päckchen aufblättert, an die Reihe oder Reihen auf dem Tisch anlegen. Nicht passende Karten legt er auf einen zweiten Haufen vor sich hin, und zwar offen. Ist der verdeckte Haufen abgetragen, wird der offene umgedreht und damit weitergespielt. Wer an der Reihe ist, darf nicht nur an die Serien in der Tischmitte anlegen, sondern auch die »offenen« Häufchen seiner Mitspieler als Anlegeplätze benutzen. Jeder Spieler kann so lange aufblättern, wie er Anlegemöglichkeiten hat. Wer zuletzt fertig wird, ist »alte Jungfer«.

## *Karten-Domino*

Ein normales, vollständiges Spiel (zwei bis zehn, Bube, Dame, König und As von allen vier Farben) wird gleichmäßig an die Spieler verteilt. Ein Rest, der nicht aufgeht, kommt als Talon auf den Tisch. Wer die Herz-Sieben hat, legt sie auf den Tisch. Der Nachbar legt – wie beim Domino – an, und zwar entweder einen höheren oder niedrigeren Wert, wobei die Farbe keine Rolle spielt. Wer nicht weiterkann, darf aus dem Talon eine oder mehrere Karten nehmen. Sieger ist, wer als erster alle Karten abgelegt hat. Jeder darf, wenn er an die Reihe kommt, nur eine Karte ablegen. Das As darf sowohl an einen König als auch an die Zwei angelegt werden, umgekehrt geht das Spiel nach einem As entweder mit einem König oder einer Zwei weiter.

### *Quartett spezial*

Für eins der üblichen Städte-, Komponisten- oder Blumenquartette werden sich Ihre Gäste nur mit Mühe begeistern können. Wie wäre es dagegen mit einem maßgeschneiderten Quartett speziell für Ihren Gästekreis? Ernst Heimeran, ein begeisterter »Heimspieler«, hat es zuerst beschrieben: Schreiben Sie oben auf vier schöne, weiße Karten den Namen eines Gastes. Darunter kommen vier Eigenschaften (oder auch Eigenheiten, Besitztümer, Schwächen) dieses Gastes. Auf jeder Karte ist eine dieser Bezeichnungen unterstrichen und möglichst auch ein bißchen illustriert. So machen Sie es für jeden Gast. – Gespielt wird nach dem üblichen Quartettsystem: »Kann ich Müllers neues Auto von Ihnen haben? Nein?« – »Geben Sie mir bitte Schulzes reizende Tante und Meyers Nerzpelz! Danke!« Vollständige Quartette werden abgelegt. Wer zuerst alle Karten los geworden ist, hat gewonnen.

## TRICKS MIT KARTEN

### *Kartentrick Nr. 1*

Dieser Kniff ist so einfach, daß er auch von Spielern erlernt und beherrscht werden kann, die sonst nicht viel von Kartenzaubereien halten. Der »Hexenmeister« mischt die Karten, merkt sich dabei die unterste Karte und bittet schließlich einen Gast, aus dem aufgefächerten Blatt eine beliebige Karte zu ziehen. Während sich der Mitspieler einprägt, was er gezogen hat, schiebt man das Blatt wieder zusammen. Dann muß der Spieler die gezogene Karte oben auf das Spiel legen. Der »Hexenmeister« hebt nun einmal ab und verkündet, er könne vermittels magischer Kräfte die an irgend einer Stelle des Spiels liegende, von dem Mitspieler vorher gezogene Karte wiederfinden. Zweifellos hat er recht; denn er braucht das Spiel nur noch durchzublättern: Die gezogene Karte liegt unter derjenigen Karte, die zu Beginn des Spiels die unterste war.

*Kartentrick Nr. 2*

Das ist eine Abwandlung des Tricks Nr. 1. Der Kartenkünstler merkt sich die unterste Karte des sorgfältig gemischten Spiels. Dann teilt er das Spiel in sechs ungefähr gleichstarke Häufchen, die er auf den Tisch in einer Reihe hinlegt. Das Häufchen ganz rechts enthält die »bewußte« Karte: sie liegt wiederum zuunterst. Dann verteilt der »Hexenmeister« – nachdem er sich die Augen verbinden ließ – die Karten des rechten Stapels Stück für Stück auf die anderen Häufchen. Die letzte, gemerkte Karte hält er mit der Bildseite zum Publikum hoch, damit sie jeder sehen kann, und läßt sie dann von einem »ehrenamtlichen« Helfer in eins der Häufchen stecken. Der Helfer darf die Häufchen zusammenschieben, mischen und dem Künstler zurückgeben, der sich die Binde abnehmen läßt und das gemerkte Kartenblatt nach kurzem Durchblättern findet. Wer diesen Trick zum erstenmal vorführen will, sollte zu Hause ein paarmal üben. Er muß rasch und reibungslos abrollen.

*Verzauberte Paare*

Der Kartenkünstler legt zwanzig Karten aus einem beliebigen Spiel zu zehn Pärchen zusammen. Die Mitspieler besichtigen die auf dem Tisch liegende Pärchen-Sammlung. Dabei merkt sich jeder ein Kartenpaar. Nun werden die Karten wieder aufgenommen

MUTUS
DEDIT
NOMEN
COCIS

*Diesen Zauberspruch müssen Sie sich einprägen!*

und in vier Reihen zu je fünf Karten auf den Tisch gelegt. Das geschieht nach dem nebenstehenden Schema, das nicht etwa aufgezeichnet wird: Der Vorführende muß es fest *im Gedächtnis* haben! Die Karten eines Pärchens werden immer auf die gleichen imaginären Buchstaben gelegt – zum Beispiel Herz-As und Herz-König auf das M in der ersten und dritten Reihe. Jetzt dürfen die Mitspieler angeben, in welchen Reihen ihre beiden Karten liegen. Bei unserem Beispiel müßte also die erste und dritte Reihe genannt werden. Danach kann der Kartenkünstler, der den Zauberspruch »Mutus dedit nomen cocis« natürlich im Schlaf beherrscht, sofort sagen, um welches Pärchen es sich jeweils handelt. Selbstverständlich läßt sich dieser Trick mit dem nur in der Vorstellung des Vorführenden existierenden Auslegeschema beliebig oft wiederholen.

## KLEINE ZAUBEREIEN

### *Der Käsetrick*

»Im Märchen vom tapferen Schneiderlein« – so ungefähr bereitet der Zauberkünstler sein Publikum auf den folgenden Trick vor – »gibt es eine Stelle, wo der Held der Geschichte so tut, als könne er aus einem Stein Wasser quetschen. In Wirklichkeit verwendet er einen Käse. Heutzutage sind die meisten Männer so schwach, daß ihnen nicht einmal das gelingt. Ich werde es Ihnen vormachen.« – Der Zauberer zeigt ein möglichst trockenes Käsestückchen vor oder läßt es herumgehen. Dann streift er sich die Ärmel hoch, damit niemand glaubt, das Wasser komme vielleicht aus dem Jackenärmel, und bittet einen Helfer zu sich. »Sieben Fliegen erschlug das Schneiderlein. Bei mir genügt es schon, wenn Sie mir drei Kreidekreuze auf den Unterarm, und zwar in der Nähe des Ellbogengelenks, malen.«
Während die Kreuze dort angebracht werden, angelt sich der Zauberer ein kleines, gut angefeuchtetes Schwämmchen, das er unter dem Rockkragen versteckt trug. Mit dessen Hilfe ist es kein Problem, ein paar Tropfen Wasser »aus dem Käse« zu quetschen. Wenn die Kreuze vom Helfer wieder abgewischt werden, schiebt der Zauberer den Schwamm wieder an seinen Platz zurück.

*Phönix aus der Asche*

Dieser Trick mißlingt todsicher, wenn man ihn nicht vorher ein paarmal übt. In Wirklichkeit ist er aber kinderleicht. Man schneidet zwei Seidenfäden von je etwa 25 Zentimeter Länge ab. Nach Möglichkeit sollten es fleischfarbene Fäden sein. Einen davon knüllt man fein zusammen und versteckt ihn in der Daumenbeuge (üben!) oder zwischen Daumen und Zeigefinger der linken Hand. Den zweiten Faden – es handelt sich, wie man den Zuschauern wortreich erklären kann, um einen Faden, der aus dem Flaum der Halsfedern des sagenhaften unsterblichen Vogel Phönix gesponnen wurde – hält man mit der rechten Hand fest und läßt ihn von einem Helfer anzünden. Die Asche fängt man möglichst vollständig mit der linken Hand auf. Unter allerlei Hokuspokus zerreibt man die Asche nun zwischen beiden Händen, angelt dabei den zusammengeknüllten zweiten Faden heraus und zieht ihn auseinander. Mißtrauische Zuschauer dürfen ihn nachmessen.

*Die verschwundene Kerze*

Auf einem kleinen Tischchen (mindestens fünf Meter von der ersten Zuschauerreihe entfernt) steht ein Leuchter mit einer langen weißen oder roten Kerze. Der Zauberer zündet sie an, zum Beweis dafür, daß es eine richtige Kerze ist, dann nimmt er ein Blatt Zeitungspapier, wickelt die Kerze unter geheimnisvollen Beschwörungen hinein, klopft dreimal mit der flachen Hand auf das Bündel und zerreißt es zwischen beiden Händen in kleine Schnitzel. Die Kerze existiert nicht mehr! – Bei diesem Trick kommt es nur auf die Vorbereitung an. Man rollt aus weißem oder rotem, stumpf glänzendem Papier eine Röhre von Kerzenstärke (je weniger Papier nötig ist, desto besser) und klebt am oberen Ende ein winziges Stückchen Kerze hinein. Alles andere ergibt sich dann von selbst.

*Münzen balancieren*

Man bittet drei Spieler nach vorn und läßt sie in einer Reihe nebeneinander Platz nehmen. Dann erzählt man ihnen, es handele sich um ein Münzen-Wettbalancieren. Jeder müsse versuchen, ein ihm auf die Stirn gelegtes Geldstück so lange wie möglich zu balancieren. Für den Sieger sei ein Preis ausgesetzt. Dann geht man zum ersten der drei Wettbewerber, legt ihm ein Zehnpfennigstück auf die Stirn – der Kopf muß dabei zurückgelegt werden – und drückt eine Weile kräftig drauf. Dem Spieler sagt man, auf diese Weise sei die Münze leichter zu balancieren. In Wirklichkeit nimmt man das Geldstück nach dem Aufdrücken vorsichtig und vom »Opfer« selbst unbeobachtet wieder weg. Er wird eine ganze Weile das Gefühl haben, als sei die Münze vorschriftsmäßig an ihrem Platz. Mit den beiden anderen Spielern verfährt man ebenso. Das Geldstück-Auflegen und -Wiedereinstecken muß schnell vor sich gehen. Wer zuerst merkt, daß er gefoppt wurde, bekommt das zum Täuschen benutzte Zehnerl »zum Andenken und zum Üben«.

### *Gedanken lesen*

Der »Hexenmeister« verabredet sich vorher mit einem Spieler und klärt ihn darüber auf, wie die Sache vor sich geht. Während die Gesellschaft sich auf ein Wort einigt, das von dem »Opfer« geraten werden soll, wartet jenes vor der Tür. Der Zauberer stellt dem Zurückgekehrten Fragen und verrät ihm durch die Anfangsbuchstaben der gefragten Gegenstände, was gesucht wird. Beispiel: »Ist es der *O*hrensessel?« – »Nein.« – »Ist es etwa das *F*enster?« – »Nein.« – »Ist es vielleicht die *E*mma da drüben?« – »Nein.« – »Ist es der *N*ußknacker?« – »Auch nicht.« – »Ist es der Ofen?« – »Ja.« Das Medium wird nun ein zweites Mal hinausgeschickt. Man kann das Spiel so oft wiederholen, bis ein Zuschauer auf den Trick gekommen ist.

### *Der Schnellrechner*

Da die Ausbildung eines vorschriftsmäßigen Schnellrechners ein paar Jahre in Anspruch nimmt, bleibt einem für den Hausgebrauch nichts anderes übrig, als zu einem Rechenkniff Zuflucht zu nehmen, den nicht jeder kennt. Das Rechengenie schreibt zehn bis zwölf Zahlen der »Verdoppelungs-Kolonne« an die Tafel oder auf ein großes Stück Packpapier an der Wand. Damit ist die Kolonne gemeint, die mit 1 beginnt und bei der jede folgende Zahl doppelt so groß wie die vorhergehende ist: 1, 2, 4, 8, 16, 32, 64, 128,

256, 512, 1024, 2048 und so weiter. Der Rechenkünstler behauptet nun, er könne an jeder beliebigen Stelle der Kolonne dank seiner überdurchschnittlichen Rechenfähigkeiten aus dem Stegreif die Summe aller Zahlen nennen. Ein Mitspieler muß angeben, wo der Strich gezogen werden soll. – Der Trick: Die Summe der aufgeschriebenen Zahlen ist immer gleich der (nach dem Summenstrich folgenden) nächsthöheren Zahl der Kolonne weniger 1. Die ersten zehn Zahlen von 1 bis 512 ergeben zum Beispiel 1024 – 1 = 1023, die ersten fünf Zahlen von 1 bis 16 bringen eine Summe von 32 – 1 = 31. Ausprobieren!

## *Stühle riechen*

Fünf Stühle stehen in einer Reihe nebeneinander. Ein besonders geruchbegabter »Stühleriecher« wird hinausgeschickt. Unterdessen setzt sich einer der Mitspieler, vom Spielleiter dazu aufgefordert, für zwei Sekunden auf einen der fünf Stühle. Der Duftspezialist wird hereingerufen, schnuppert ganz kurz an jedem Stuhl und nennt auf Anhieb den richtigen. – Der Kniff: Der Spielleiter hat den »Geruchsexperten« vorher eingeweiht und mit ihm verabredet, daß die Zahl der Wörter beim Hereinrufen angeben soll, der wievielte Stuhl, von links gerechnet, der richtige ist. »Sie können hereinkommen« würde also den dritten Stuhl bedeuten, »Beeilung bitte, wir warten schon!« den fünften Stuhl, »Bitte schön!« den zweiten Stuhl – und so weiter. Mit dem gleichen Schlüssel kann man auch andere Dinge raten lassen, die durch Zahlen zwischen eins und fünf zu umschreiben sind, zum Beispiel Knöpfe am Kleid einer Mitspielerin, Spielkarten, die auf dem Tisch liegen oder Bücher etc.

## *Münzen-Hokuspokus*

Zwölf Münzen oder Spielmarken sollen so in drei Reihen geordnet werden, daß in den Längs- und Querreihen und auch in den Dia-

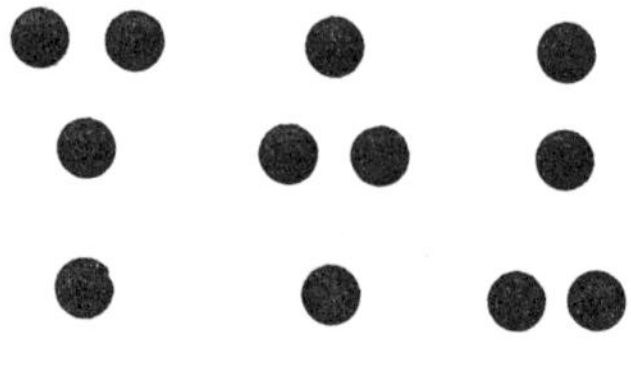

*So sieht die von uns gesuchte Figur aus*

gonalen je vier Stück liegen. Mit einer Ausnahme: In einer dieser Reihen müssen sechs Münzen zu finden sein. Wie man das macht, zeigt die Abbildung links unten.

### *Harte Nuß*

Drei Hüte ohne Geheimfach und doppelten Boden liegen auf dem Tisch. Der Zaubermeister zeigt sie allen, und außerdem eine Nuß, die er in den Mund steckt. »Diese Nuß«, verkündet er, »werde ich unter einen der drei Hüte zaubern. Bitte wählen Sie, meine Herrschaften, welcher Hut es sein soll.« – Das geschieht, und der Zauberer braucht nun nichts mehr weiter zu tun, als den ausgewählten Hut aufzusetzen. Die Nuß ist im Mund und damit garantiert unter dem gewünschten Hut...

### *Hypnose*

Auch bei diesem Spiel muß der »Hexenmeister« oder Spielleiter sich vorher einen Kumpan suchen, der in alles eingeweiht wird. Es soll möglichst ein Mitspieler sein, von dem niemand annehmen würde, daß er sich zu so etwas hergeben könnte.
In größerer Entfernung von den Zuschauern wird das »Medium« auf einen Stuhl gesetzt. Der Hypnotiseur hält erst einen gesalzenen Vortrag über Kunst und Bedeutung der Hypnose, dann fragt er sein »Opfer« vor aller Öffentlichkeit, ob es sich freiwillig zu den sehr ernsten und schwerwiegenden Experimenten zur Verfügung gestellt habe – und schon kann der Zauber losgehen. Das »Opfer« wird unter viel Brimborium eingeschläfert und muß dann eine ganze Reihe von Befehlen ausführen: Jacke ausziehen, über einen »Bach« springen, durch eine »Pfütze« waten, sich am Rücken kratzen, einen Affen nachahmen, wilde Urwaldtänze aufführen, Seiltanzen auf dem Fußboden, auf dem Stuhl Auto fahren, einen Flicken auf den Rock nähen und so weiter. Mitten in einem Experiment erwacht das Medium und tastet sich aus dem Zimmer.

# Im Garten und auf der Terrasse

# WIDER DIE STUBENHOCKER

Ein Spiel im Zimmer ist eine großartige Sache, ein Spiel im Freien ist ebenfalls eine großartige Sache. Obwohl es also zwischen diesen beiden Spielarten von Spielen gar keine grundsätzlichen Unterschiede gibt, ist dieses Kapitel einseitig und eindeutig den Zeitgenossen gewidmet, die der Stubenhockerei den Kampf angesagt haben. Es soll nicht verschwiegen werden, daß die »Draußen«-Spieler gegenüber den »Drin«-Spielern in der Minderheit sind. Das liegt erstens daran, daß das Wetter das Spielen im Freien in jedem Jahr nur ein paar Monate begünstigt. Zweitens ist es natürlich viel bequemer, sich in den Sessel zu setzen, ein Glas Wein daneben, und sich an einem geistreichen Unterhaltungsspiel zu erfreuen, als draußen herumzutoben, Sand in die Schuhe zu bekommen und ein bißchen kurzatmig zu werden – von der jüngeren Generation abgesehen.
Hier soll nicht die Rede sein von den »passiven« Draußen-Spielern, denen es genügt, sich ein Fußballspiel oder ein Tennisturnier anzusehen und dann befriedigt (oder mit der Leistung des eigenen Vereins unzufrieden) nach Hause zu gehen. Und da ein Spielbuch kein Sportbuch ist, wird auch gar nicht erst der Versuch unternommen, Ihnen, verehrter Leser, eine Trainingsanleitung für die nächsten Olympischen Spiele zu liefern. Langstreckenlauf und Stabhochsprung werden Sie in Ihrem Garten ohnehin nur mit Mühe arrangieren können.
Was sich dagegen im Garten, auf einer verkehrsarmen Straße, auf dem Sonntagsspaziergang im Wald oder – mit ganz geringem Raumbedarf – auf Ihrer Terrasse spielen läßt, werden Sie finden. Leider eignen sich trotz aller Auswahl nicht alle Spiele im Freien für Spieler aller Altersklassen. Das liegt in der Natur der Sache. Aber Tante Friederike muß ja nicht unbedingt beim »Pferderennen« (Seite 159) mitmachen, das geruhsamere Boccia-Spiel (Seite 156) tut es auch, und wenn ihr auch dieses Lieblingsspiel des Bundeskanzlers zu anstrengend ist, kann man sie immer noch

*Warum nicht mitmachen? Stubenhocker setzen Fett an!*

zum Schiedsrichter oder Aufschreiber befördern. Vermerkt werden muß schließlich noch, daß sich auch eine ganze Reihe der im Kapitel »Sport auch im Zimmer« (Seite 22) beschriebenen Spiele für das Draußen-Spielfest eignen. Umgekehrt kann man Pfeilwerfen (Seite 167) und andere Spiele des Kapitels »Im Garten und auf der Terrasse« auch in zahmere Zimmer-Versionen umwandeln. Beide Kapitel werden Ihrem Hausarzt Freude machen und allen jenen Gästen kleine Schreie der Begeisterung entlocken, die sich vor Managerkrankheit, Herzinfarkt, Fettansatz undMuskelschwund fürchten. Für die Spiele im Freien gilt in ganz besonderem Maße, was sich der Spielleiter für *alle* Spiele zum Gesetz machen sollte: Nicht übertreiben! Das schönste Spiel wird zu Tode geritten, wenn man es stundenlang mit Begeisterung abrollen läßt. »Die Natur des Geistes ist so geartet, daß uns der Wechsel mehr Erholung schafft als das Beständige«, sagt Feuchtersleben. Beherzigen Sie diese kluge Feststellung und hören Sie mit einem Spiel auf, wenn es am schönsten ist. Gerade bei einem Spielfest auf der Terrasse und im Garten ist ein rasch ablaufendes Spielprogramm die wichtigste Voraussetzung für den Erfolg. Lassen Sie sich auch nicht von ein paar Begeisterten aus der Ruhe bringen, die am liebsten nichts anderes spielen würden als ihr Lieblingsspiel. Die anderen beginnen sich unterdessen zu langweilen. Wo ist der Zettel mit dem passenden Zitat? Hier, bitte schön: »Wir verzeihen oft denen, die uns langweilen; aber denen können wir nicht verzeihen, die wir langweilen.« Das sei allen Dauerspielern ins Tagebuch geschrieben, und zwar mit einem schönen Gruß des Herzogs von La Rochefoucauld, der diese Weisheit in seinen »Reflexionen« zum besten gab.

Ob man es sich leisten kann, im Garten auch solche Spiele zu veranstalten, bei denen es überdurchschnittlich laut zugeht, ist eine Frage der Nachbarschaft. Vielleicht sind die lieben Nachbarn im Hause oder in den angrenzenden Häusern gerade verreist oder machen selbst genug Lärm. In allen anderen Fällen empfiehlt es sich, sie entweder ebenfalls einzuladen oder sie vorher vertrauensvoll um Verständnis zu bitten. Sonst bleibt nichts anderes übrig, als einen kleinen Krach in Kauf zu nehmen oder nur solche Spiele zu veranstalten, bei denen es über gelegentliche »Ahs« und »Ohs« nicht hinausgeht.

Daß man, so eine geeignete Terrasse vorhanden ist, in lauen Sommernächten auch viele ausgesprochene Zimmerspiele vom Schreibspiel bis zum Pfänderspiel nach draußen verlegen kann, braucht eigentlich nicht besonders betont zu werden. Da der Verfasser aber ganz besonders für Spielabende im Freien mit Windlicht und Bowle schwärmt, sei ihm dieser Hinweis vergönnt. Vielleicht finden sich Gleichgesinnte ...

## MIT BALL UND KUGEL

### *Neckball*

Die Spieler stehen im Kreis. Einer von ihnen kommt in die Mitte und muß versuchen, den Ball zu erwischen, den sich die andern – über ihn hinweg und an ihm vorbei – zuwerfen. Wenn der Fänger den Ball erwischt, muß der letzte Werfer seinen Platz einnehmen.

### *Stehball*

Die Teilnehmer stellen sich in einem engen Kreis auf. Der Spielleiter wirft von der Mitte dieses Kreises aus einen Ball in die Luft.

Unterdessen laufen die Spieler nach allen Seiten davon. Sobald der Spielleiter den Ball wieder aufgefangen hat, ruft er »Stehen!« und paßt auf, ob wirklich alle auf ihren Plätzen bleiben. Dann versucht er, einen der Mitspieler mit dem Ball zu treffen. Gelingt ihm das, muß der Getroffene den nächsten Wurf machen. Vier Fehlwürfe sind erlaubt. Danach geht das Spiel von vorn los.

### *Burgball*

Die Spieler stehen im Kreis. In der Mitte des Kreises wurde aus drei Stangen eine lockere Pyramide zusammengestellt, neben der ein Burgknappe verteidigungsbereit wartet. Durch Ballwürfe versuchen die Spieler, die hölzerne Burg zum Einsturz zu bringen. Der Burgknappe wehrt die Angriffe ab. Er verliert seinen Posten, wenn die Stangen zusammenstürzen. Der siegreiche Werfer tritt an seine Stelle. Die Spieler dürfen ihre Plätze nicht verlassen, abgesehen vom Ballaufheben, wenn der Wurf auf die Burg danebengegangen ist.

### *Kaiserball*

Sechs Spieler stehen in einem weiten Kreis, sie heißen »Kaiser«, »König«, »Edelmann«, »Bürger«, »Bauer« und »Bettelmann«. Jeder markiert seinen Standplatz durch einen Kreidekreis, einen in den Boden gesteckten Stock oder ein ähnliches Zeichen. Der Kaiser beginnt das Spiel. Er wirft einem beliebigen Spieler den Ball zu, den dieser auffangen muß. Verläßt er dabei seinen Platz, dann versucht der im Rang niedrigere Spieler, eins oder zwei aufzurücken, das heißt, den freigewordenen Platz des anderen Spielers einzunehmen, sich zum Beispiel vom »Bauern« in den »Edelmann« oder »König« zu verwandeln.

### *Rateball*

Die Spieler stehen in einer Reihe und werfen abwechselnd auf einen Mitspieler, der etwa fünf bis sieben Meter vor der Reihe steht und ihr den Rücken zukehrt. Jedesmal, wenn er einen Ball im Rücken spürt, dreht er sich blitzschnell um und versucht herauszubekommen, wer geworfen hat. Besonders kräftige Werfer sollte man vorher darauf hinweisen, daß es nicht im Sinne des

Erfinders ist, das »Opfer« mit dem Ball umzuwerfen. Hat der »Be-troffene« den Werfer geraten, tauschen beide ihre Rollen.

## *Das Schießbudenspiel*

Die Spieler stellen sich in einer Reihe auf. Vor und hinter dieser Reihe stehen mit jeweils acht bis zehn Metern Abstand die ersten beiden Schützen, die abwechselnd wie in der Schießbude auf ihre Mitspieler werfen dürfen. Wer die meisten Treffer hat, ist Sieger. Die getroffenen Spieler scheiden aus. Während des Beschusses ist es erlaubt, sich zu ducken, den Ball aufzufangen, ihm auszuweichen und den Werfer durch ständiges Bewegen zu täuschen. Der Platz darf dabei aber nicht verlassen werden.

*Ein geschickter Wurf bringt den Gewinn*

## *Federball*

Abgesehen von dem Federballspiel zu zweit, für das es strenge Regeln gibt, die den Tennisregeln ähneln, kann man dieses in den letzten Jahren mit fast explosiver Geschwindigkeit beliebt gewordene Spiel auch in größerem Kreis spielen, braucht dann allerdings für jeden Teilnehmer einen Federball-Schläger. Die Spieler stehen im Kreis und versuchen, den Federball von einem Schläger zum anderen weiterzugeben, ohne daß das Bällchen den Boden berührt. Je weiter der Abstand zwischen den Spielern ist, desto schwieriger wird die Sache. Wer den Ball fallen läßt oder an seinem Absturz eindeutig die Schuld trägt, bekommt einen Minuspunkt.

*Boccia*

Jeder hat den Namen dieses Spieles (ausgesprochen: Bottscha) schon gehört, weil es die Zeitungen als Lieblingsspiel Bundeskanzler Adenauers bezeichneten, aber wer weiß schon, wie es gespielt wird? Hier ist die Spielregel! Für Boccia eignet sich jeder beliebige Rasenplatz, Feldweg oder Hinterhof. Man braucht für jeden Spieler eine oder besser zwei Holzkugeln von etwa sechs bis acht Zentimeter Durchmesser (für die eine Partei zum Beispiel weiße, für die andere schwarze), außerdem eine Malkugel, Lecco genannt, die der Übersichtlichkeit wegen rot sein sollte. Diese Malkugel wird ausgeworfen. Nun versuchen die Spieler, die in zwei Parteien aufgeteilt wurden, ihre Kugeln möglichst dicht vor oder neben die Malkugel zu werfen, freilich ohne die Lecco-Kugel wegzustoßen. Liegt zum Schluß etwa eine weiße Kugel dem Lecco am nächsten, hat die weiße Partei gewonnen und darf bei der nächsten Runde die Malkugel auswerfen. Es ist erlaubt, durch geschickte Würfe die schon in der Nähe des Mals liegende Kugel der Gegenpartei wegzutreiben.

## FRÖHLICHE LAUF- UND FAHRSPIELE

*Wettlauf mit Hindernissen*

Für einen richtigen Kurzstreckenlauf ist der Hof oder Garten meistens zu klein. Wie wäre es deshalb mit einem »Wettlauf mit Hindernissen«? Hier ein paar Vorschläge:

1. Die Spieler müssen Fuß vor Fuß setzen. Wer aus dem Gleichgewicht kommt und einen größeren Schritt macht, scheidet aus.
2. Die Läufer bekommen zusammengefaltete Zeitungen zwischen die Knie geklemmt und müssen das Ziel erreichen – hüpfend oder humpelnd –, ohne die Zeitung zu verlieren.
3. Das Ziel ist laufend oder gehend zu erreichen. Alle Läufer balancieren dabei leere Konservenbüchsen auf dem Kopf.
4. Die Läufer müssen auf einem Bein ins Ziel hüpfen. Beinwechsel ist erlaubt.
5. Unterwegs müssen die Spieler Kartoffeln oder Äpfel einsammeln und am Ziel vollzählig vorweisen.

6. Alle bekommen die Augen verbunden. Am Ziel steht der Spielleiter und gibt mit einer Glocke oder Pfeife Richtungshinweise.

*Verkehrter Wettlauf*

Im Garten wird eine Laufstrecke von zwanzig bis dreißig Metern Länge abgesteckt. Drei bis fünf Läufer starten auf einmal, und zwar laufen sie rückwärts bis zum Ziel, von wo sie vorwärts zum Start zurückkehren. Auch als Rückwärts-Stafette durchführbar.

*Trockenslalom*

Im Garten wird mit Latten, an denen (Papier-)Fähnchen hängen, eine möglichst kurvenreiche Slalomstrecke abgesteckt, die denjenigen des Wintersports ähnelt, auch wenn es hier nicht steil bergab geht. Die Strecke muß bei aller Raffinesse so angelegt sein, daß sich die Spieler ohne Grundrißplan zurechtfinden. Die Läufer gehen einzeln auf die Bahn, ihre Zeiten werden gestoppt. Für umgerissene Latten gibt es eine Zehntelsekunde Strafzuschlag, für ausgelassene Tore das Doppelte. Zur Erschwerung kann man den Torlauf auch mit Balltreiben verbinden: Ein mittelgroßer Ball muß mit dem Fuß über die Kurvenstrecke gestoßen werden.

*Siamesische Zwillinge*

Zwei Läufer werden jeweils mit einem Band oder Tuch wie siamesische Zwillinge zusammengebunden, und zwar wird das rechte

*Sie hängt schon wieder an meinem Bein*

Bein des linken Läufers an das linke Bein des rechten Läufers gefesselt. Drei bis vier Paare gehen gleichzeitig auf die Strecke. (Auch als Dreibein-Stafette spielbar.)

### *Schleppenlauf*

Jeder Spieler zieht an einer etwa 150 Zentimeter langen, nicht zu dicken Schnur ein Brettchen, ein Stück Pappe oder Papier hinter sich her. Auf das Startkommando geht die wilde Jagd los: quer über den Spielplatz oder bei kleineren Plätzen auch im Kreis herum. Jeder versucht, seinen Mitspielern so auf die »Schleppe« zu treten, daß sie ihr Anhängsel loslassen (aufheben verboten!) müssen oder daß die Schnur reißt. Sieger ist, wer seine Schleppe bis zum Schluß behält.

### *Storch im Salat*

Eine etwa zehn Meter breite Stelle des Gartens wird auf beiden Seiten mit Latten markiert und zum »Fluß« ernannt. Es ist kein besonders tiefer Fluß, deshalb kann man – wie der Storch im Salat – durchsteigen, wenn man eine »Hüpfbrücke« aus Konservendosen, Ziegelsteinen, Feldsteinen oder Holzscheiten baut. Die Hüpfstellen sollten manchmal schrittweit, manchmal sprungweit voneinander entfernt sein, je nach Alter und sportlicher Vorbildung der Spieler. Der Reihe nach machen sich alle Spieler auf den Weg. Wer danebentritt und in den Fluß fällt, scheidet aus.

### *Ballonlauf*

Jeder Läufer erhält einen Luftballon. Auf das Startkommando muß er ihn schnell aufblasen, verknoten und dann (wirklich erst dann) in blitzschnellem Lauf vor sich herstoßen. Der Ballon darf unterwegs nicht auf den Boden fallen. – Abwandlung: Der Ballon muß geköpft werden und darf nicht mit den Händen berührt werden.

### *Wäsche aufhängen*

Im Garten ist eine »Rennstrecke« abgesteckt, an deren einer Seite eine Wäscheleine gezogen wurde. An der anderen Seite, dem

Start, liegen pro Spieler drei Taschen- oder Handtücher und sechs Wäscheklammern. Auf das Startkommando heben die Läufer Wäsche und Klammern auf, laufen zur Leine, hängen die Tücher »vorschriftsmäßig« auf und laufen zur Ausgangsstellung zurück. Dieses Spiel läßt sich auch als Stafettenlauf spielen. Der zweite Läufer der Mannschaft muß die Wäsche wieder abnehmen und zurückbringen, der dritte hängt sie wieder auf – und so fort.

### *Balancieren*

Eine kurze »Rennstrecke« wird abgesteckt. Drei Spieler erhalten Besen- oder Schrubberstiele (die Reinigungsgeräte brauchen durchaus nicht abmontiert zu werden) und müssen versuchen, sie während des Laufs auf der ausgestreckten Hand zu balancieren. Solange der Läufer auf der Strecke ist, darf der Besen oder Schrubber nicht auf den Boden fallen. Der Sieger wird für den späteren »Endkampf« vorgemerkt, bei dem die Stiele auf der Schulter oder Stirn balanciert werden müssen. Dann kommen die nächsten drei Balancekünstler an die Reihe.

### *Pferderennen*

Jeder Läufer sucht sich einen (leichteren) Mitspieler aus und nimmt ihn huckepack auf den Rücken oder die Schultern. Dann kann das Pferderennen losgehen, wobei die Strecke nicht zu kurz gewählt werden sollte. Am besten legt man fest, daß der Lauf bis zu einer als Wendemarke aufgestellten Stange und zurück zum Start geht. Wetten dürfen in jeder Höhe abgeschlossen werden.

*Hü, Männchen, hü! Wirst du wohl laufen!*

### *Wettkriechen*

Es werden zwei Mannschaften gebildet, die sich mit gegrätschten Beinen in Reihe hintereinander aufstellen. Auf das Startkommando kriechen die letzten Spieler jeder Reihe durch den Beintunnel nach vorn, stellen sich dort auf und klatschen in die Hände. Auf dieses Zeichen kommen die nächsten beiden Spieler an die Reihe. Sieger ist die Mannschaft, die am schnellsten die ursprüngliche Reihenfolge herstellt.

### *Fahrrad-Rennen*

Auf einem ruhigen Straßenstück, auf dem Hof oder Vorplatz wird eine »Rennstrecke« von etwa zehn Meter Länge abgesteckt. Die »Rennfahrer« bekommen die Aufgabe, diese Strecke möglichst langsam zurückzulegen. Wer als letzter ankommt und unterwegs die Füße keinmal von den Pedalen genommen hat, ist Sieger.

### *Geschicklichkeitsfahren*

Das ist ein Wettbewerb für Radfahrer, der sich bei etwas Phantasie sehr vielseitig gestalten läßt. Man baut mit Hilfe von eingeseiften Brettern, leeren Flaschen oder Konservendosen, Fähnchen, kleinen Kisten und Seilen eine Hindernisstrecke auf, deren Parcours sich nach dem verfügbaren Platz richtet. Wer ein Hindernis vergißt oder nicht schafft, bekommt einen Minuspunkt. Enge Gassen, durch Konservendosen markierte Strecken mit engen Kurven, Stoppstellen und Rutschbretter, eine Bretterwippe und ein Haltepunkt, wo ein Tuch oder ein Stück Papier aufgehoben werden muß – das sind einige Vorschläge für den Bau der Strecke, zu deren Bewältigung fünf bis acht Minuten vorgeschrieben werden sollten.

## FANGEN UND ABSCHLAGEN

### *Trophäen sammeln*

Jeder Mitspieler trägt um den linken Unterschenkel ein einfach geknotetes Taschentuch. Auf das Startsignal versuchen alle, ihren Gegnern die Tücher abzunehmen. Wer sein Tuch verloren hat, ist tot und muß ausscheiden. Sieger ist, wer die meisten Taschentücher einkassiert hat.

### *Schatten fangen*

Bei diesem Fangspiel wird nicht der erwischte Spieler abgeschlagen, sondern sein Schatten »totgetreten«. Welcher Schatten-Körperteil dabei getroffen wird, spielt keine Rolle. Die ihres Schattens beraubten Spieler scheiden aus.

### *Der Hutkampf*

Auf einem Stock, der in der Mitte des Spielfeldes in den Boden gesteckt wurde, hängt ein alter Hut. Die beiden Parteien stehen gleich weit vom Hut entfernt, laufen auf Kommando los und versuchen, den Hut zu ergattern und damit auf die eigene Feldseite zu entkommen. Der Spieler mit dem Hut kann von der Gegenpartei abgeschlagen werden und muß in diesem Fall seine Trophäe abliefern, vorausgesetzt, daß er seinen Startplatz noch nicht wieder erreichte. Folgt ihm ein Gegenspieler über die Startlinie, gilt er als Gefangener.

### *Urbär*

Ein Spieler verkriecht sich als »Urbär« in einer Ecke des Spielfeldes, die als Höhle markiert wurde. Er ist mit einem kräftigen Plumpsack (siehe Seite 178) bewaffnet. Die anderen Spieler versuchen, den Bären zu reizen und aus seiner Höhle hervorzulocken. Wen er mit dem Plumpsack trifft, wenn er schließlich aus dem Bau stürzt und die Verfolgung aufnimmt, der wird selbst zum Bären und beteiligt sich Hand in Hand mit dem »Urbären« an der Jagd. Dabei hat jedoch nur der »Urbär« selbst das Recht, einen Gegner abzuschlagen. Alle weiteren Gefangenen hängen sich an die Kette an, bis schließlich nur noch ein Bärenfänger übrigbleibt. Er wird neuer »Urbär«.

### *Die Riesenschlange*

Alle Spieler stellen sich hintereinander in einer Reihe auf und legen jeweils dem Vordermann die Hände auf die Schultern. Das ist die Riesenschlange, die sich in abenteuerlichen Windungen durch das Gelände schlängelt, wobei sie nicht abreißen darf. Vorne hat das Viech Giftzähne, an den Seiten einen hieb- und stichfesten glatten Panzer. Deshalb ist die Riesenschlange nur am Schwanz angreifbar. Ein Spieler versucht, das letzte Glied der Schlangenkette abzuschlagen – und die Schlange dreht und biegt sich in wilden Zuckungen, um das bedrohte Ende zu schützen. Wenn der Schlangenjäger den letzten Mann abgeschlagen hat, wird er selbst zum Schlangenkopf befördert. Der Abgeschlagene ist neuer Jäger.

### *Flohzirkus*

Einem Spieler werden die Augen verbunden, die anderen stehen drei bis sechs Meter von ihm entfernt. Sie dürfen sich höchstens drei Schritte oder Flohhüpfer von ihrem Anfangsplatz entfernen, wenn der »Blinde« damit begonnen hat, sie zu suchen und abzuschlagen. Er bekommt zwei Minuten eingeräumt und muß in dieser Zeitspanne möglichst viele von seinen Mitspielern, die sich ducken oder zur Seite beugen dürfen, erwischen.

### *Salzsäulen*

Ein Spieler steht etwa zwanzig Meter vor den anderen und kehrt ihnen den Rücken zu. Seine Mitspieler bewegen sich vorsichtig auf ihn zu und versuchen, ihn abzuschlagen. Sie dürfen sich allerdings nicht beim Gehen, Kriechen, Laufen oder dergleichen ertappen lassen. Sobald sich der Spieler umdreht, was er in Abständen von ein paar Sekunden unerwartet und blitzschnell immer wieder tut, müssen die anderen zu Salzsäulen erstarren. Wer bei einer Bewegung erwischt wird, scheidet aus.

### *Bockwerfen*

Für dieses Spiel braucht man nur ein Wurfmal aus drei Holzscheiten und pro Spieler einen etwa handtellergroßen Stein oder eine Holzscheibe dieser Größe. Das Wurfmal wird vom »Ziegenhirt« bewacht. Jeder Spieler hat einen Wurf. Trifft er das Mal und wirft es um, dann muß es der »Ziegenhirt« sofort wieder aufstellen. Unterdessen läuft der Werfer hin und holt sich seinen

Stein zurück. Trifft er dagegen nicht, hat er bedeutende Schwierigkeiten, sich seinen Stein zu holen, weil ihn der Hirt mit dem Plumpsack abschlagen darf, wenn er in die Nähe des Mals kommt. Am besten wartet er ab, bis einer der nächsten Spieler das Mal umgeworfen hat. Zusammen mit den anderen flitzt er dann sofort los, um seinen Stein zurückzuholen. Wenn der Hirt einen Steinholer mit dem Plumpsack trifft, tauschen beide ihre Rollen. Der Hirt darf angreifende Spieler bis zum Abwurfplatz verfolgen. Steine, die über das Mal hinausgeflogen sind, dürfen ohne weiteres zurückgeholt werden. Bleibt ein Stein jedoch diesseits des Males liegen, muß ihn der Spieler zuerst mit Hand oder Fuß zum Mal stoßen, ehe er ihn aufnehmen darf. Vorsicht, der »Ziegenhirt« schläft nicht!

## GYMNASTIK EINMAL ANDERS

### *Seilspringen*

Ein langes Seil wird von einem Spieler gehalten (oder an einen Baum gebunden), vom zweiten in Schwung gebracht. Die anderen nehmen Anlauf und springen im richtigen Augenblick über den Seilbogen. Wer das Seil dabei berührt, scheidet aus. Das Seil muß um so schneller gedreht werden, je kleiner der Teilnehmerkreis wird.

### *Karussell*

Die Spieler stehen im Kreis. Von der Mitte aus schwingt der Spielleiter ein Seil, an dessen Ende ein Sandsack befestigt ist, immer im Kreis herum. Die Spieler müssen dem Seil hüpfend ausweichen, dürfen aber ihren Platz nicht verlassen. Wer getroffen wird, scheidet aus.

### *Toter Mann*

Die Teilnehmer sitzen ganz eng im Kreis auf dem Rasen, die Knie angezogen, die Füße zur Mitte gestellt, so daß nur ein Kreisraum übrigbleibt, in dem ein Spieler gerade stehen kann. Dieser Spieler im Kreis macht sich steif und läßt sich nach einer Seite fallen, wo ihn die Sitzenden mit den Händen auffangen. Sie geben den »Toten Mann« nach links oder rechts, manchmal auch mit kräftigem Schwung gleich bis auf die Gegenseite des Kreises, weiter. Wie ein Stehaufmännchen torkelt er im Kreise herum – bis einer der Sitzenden versagt, den »Toten Mann« fallen oder abrutschen läßt und nun selbst in den Kreis muß.

### *Lebende Denkmäler*

Ein Spieler nach dem anderen wird vom Spielleiter oder einem kräftigen Mitspieler an der Hand gefaßt, kräftig herumgewirbelt und losgelassen, so daß er wie eine mittlere Rakete in die Gegend schießt und irgendwo auf dem Rasen zu Boden geht. Jeder »Abgeschossene« muß nach dem Sturz eine möglichst originelle Stellung einnehmen. Zum Schluß wird das beste »lebende Denkmal« prämiiert.

## MANN GEGEN MANN

### *Schieberkampf*

Durch eine Latte oder eine Schnur wird eine Grenzlinie markiert, an der sich zwei Gruppen gegenüberstehen. Jeder sucht sich einen Gegner und versucht, ihn von der Grenze in sein eigenes Feld zurückzuschieben. Ringkampfgriffe sind verboten. Wer seinen Gegner mindestens drei Meter von der Grenze weggeschoben hat, ist Sieger.

### *Rücken-Ringkampf*

Die Spieler sitzen paarweise auf dem Boden, Rücken gegen Rükken, die Arme eingehakt, und versuchen, einander umzuwerfen. Gewonnen hat, wer seinen Gegner so auf die Seite legt, daß dessen Arm den Boden berührt.

### *Schwerverbrecher*

Im Spielerkreis – alle fassen sich an den Händen oder haken sich ein – sind zwei bis vier »Schwerverbrecher« eingesperrt, die am laufenden Band Ausbruchsversuche unternehmen. Gelingt es ihnen, den Kreis zu durchbrechen oder unter den Armen durchzuschlüpfen und zu entkommen, sind sie frei. An ihrer Stelle müssen die unachtsamen oder überrumpelten Wächter in den Kreis.

### *Tauziehen*

Wenn kein richtiges Tau zur Hand ist, tut es auch das Abschleppseil eines Autos oder ein aus alten Perlonstrümpfen zusammengeflochtenes Seil. Beide Parteien stehen gleich weit von den Enden des Seiles, das schnurgerade auf dem Boden liegt. Auf das Startkommando des Spielleiters stürzen sie sich auf das Seil und versuchen, die Gegenpartei über eine vorher markierte Mittellinie zu ziehen. Abwandlung: Die Parteien bekämpfen sich sitzend oder kniend.

### *Tauziehen im Quadrat*

Vier etwa meterlange Stöcke werden an den Ecken eines Quadrates, das eine Seitenlänge von sechs Metern haben sollte, in den Boden gesteckt. Dann stellen sich vier Spieler innerhalb dieses Quadrates auf; jeder von ihnen muß etwa zwei Meter von »seinem« Stock entfernt bleiben. Diese Spieler nehmen ein Tau in die Hände, das zu einer Schlinge zusammengebunden wurde und etwa zwölf Meter lang sein sollte, und versuchen, unter kräftigem Ziehen nach rückwärts Land zu gewinnen und den hinter ihnen stehenden Stock aus dem Boden zu reißen. Sieger ist, wer das zuerst geschafft hat.

*Gleich wird ein Pfahl umgerissen*

*Nur »Halsstarrige« werden Sieger*

*Zerrende Hunde*

Zwei Spieler knien einander gegenüber, die Hände aufgestützt. Um ihre Nacken wird ein Gürtel gelegt. Zwischen den beiden Köpfen darf kein großer Abstand bleiben. Nun versuchen sie – wie Hunde, die sich in einen Knochen verbissen haben –, einander rückwärts wegzuziehen. Wer weiter als einen halben Meter nachgegeben hat, ist Verlierer.

*Drehscheibenkampf*

Zwei Spieler bekommen eine mindestens vier Meter lange, nicht zu schwache Stange, die sie an den beiden Enden fassen müssen. Die Stange wird in ihrem Mittelpunkt an einen Baum oder standsicheren Pfahl angelegt. Nun versuchen beide, während sie im Kreis um den Baum herumlaufen, ihren Gegner an den Baum heranzuziehen. Derjenige Spieler, der zuerst den Baum streift, hat verloren. Die Stange muß in jeder Phase des Spiels den Baum oder Pfahl berühren.

## TREFFSICHERHEIT VORAUSGESETZT

*Das Nagelspiel*

Dem Jahrmarkt abgelauscht ist dieses Sommerspiel, für das man allerdings geduldige Nachbarn braucht, wenn es länger als eine halbe Stunde dauert. Zutaten: ein dickes Brett oder ein Balkenstückchen auf solider Unterlage, ein nicht zu leichter Hammer und eine Handvoll Nägel, jeder etwa zehn Zentimeter lang. Es geht darum, einen Nagel mit möglichst wenigen Schlägen bis zum Kopf in das Brett oder den Balken einzuschlagen. Jeder Schlag wird mit einem Punkt bewertet. Wer die niedrigste Punktzahl erreicht, ist Sieger – und wer seinen Nagel krummschlägt, muß ausscheiden.

### *Pfeilwerfen*

Das Pfeilwurfspiel, in den USA sehr beliebt, setzt sich auch bei uns immer mehr durch. Man kann es fast mit jeder Teilnehmerzahl spielen und braucht außer genügend Wurfpfeilen mit Stahlspitze, die jedes Spielwarengeschäft führt, nur ein Brett als Ziel – nach Möglichkeit mit aufgemalter Schießscheibe. Größe der Scheibe, Wurffolge und Abstand zwischen Scheibe und Wurfplatz geben genug Möglichkeiten zur Abwandlung des Spiels, das sich je nach Alter und Übung der Teilnehmer leichter oder anspruchsvoller gestalten läßt.

### *Die Schießbude*

Im Garten wird vor einer Haus- oder Schuppenwand in etwa fünfzig Zentimeter Abstand eine Bank aufgestellt (ein Brett tut es auch), auf der eine Pyramide aus leeren Konservendosen, kleinen Kartons, Luftballons oder dergleichen Platz hat. Von einer markierten Standlinie aus versuchen die Spieler, die Pyramide mit drei Ballwürfen (Tennis- oder andere harte Bälle) zum Einsturz zu bringen. Wer Basteltalent hat, kann die Schießbude um eine »Maul-Wurf«-Einrichtung – siehe Zeichnung – oder eine »Stehaufmann«-Serie bereichern.

*Selbstgemachte Figur für den »Maul-Wurf« (links)*
*»Stehaufmann und -frau« nach Maß (rechts)*

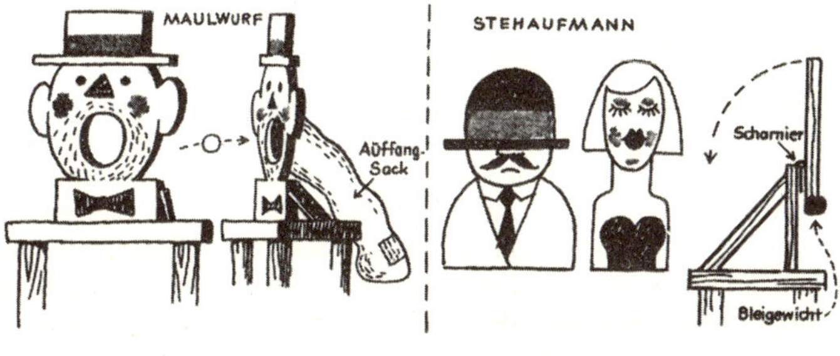

# Lustiges für Kind und Kegel

## TIPS VON TANTE EMMA

Wer sich auf die Suche nach neuen, wenig bekannten oder auch verschollenen Spielvorschlägen begibt, darf sich glücklich schätzen, wenn er eine Tante Emma – sie kann auch anders heißen und braucht nicht einmal unbedingt eine richtige Tante zu sein – in der Familie oder Bekanntschaft hat. Es gibt mehr solcher Tanten, als man glaubt, und es ist meistens sehr ergiebig, sich mit ihnen über Spiele zu unterhalten. Eine ganze Menge von Spielvorschlägen in diesem Buch stammen von Tante Emma. Da es dem Verfasser aber leider nicht vergönnt war, alle einschlägigen Tanten dieser Art kennenzulernen und zu interviewen, möchte er wenigstens den Rat, das familiäre Spiel-Repertoire auf diese Art zu erweitern, an alle Spielbeflissenen weitergeben. Es ist erstaunlich, was dabei alles herauskommen kann.

Gerade bei Kindergesellschaften, die zu Tante Emmas Zeiten allerdings noch nicht »Kinderparty« genannt zu werden pflegten, sollte man auf die langjährigen Erfahrungen von Tante Emma zurückgreifen. Wichtigster Grundsatz: Kinder nehmen ihr Spiel ernst und müssen deshalb, was ihre Spiele betrifft, ebenfalls ernst genommen werden. Wenn mitspielende oder anleitende Erwachsene das vergessen, geraten sie in Gefahr, das Vertrauen der kleinen Spielgesellschaft zu verlieren. Wenn schon gespielt wird, dann mit Feuereifer und genauen Regeln! Der niederländische Kulturkritiker Johan Huizinga, der ein ganzes Buch über die Wechselbeziehungen zwischen Spiel und Kultur geschrieben hat, drückt das in seiner Definition des Begriffs »Spiel« folgendermaßen aus:

»Spiel ist eine freiwillige Handlung oder Beschäftigung, die innerhalb gewisser festgesetzter Grenzen von Zeit und Raum nach freiwillig angenommenen, aber unbedingt bindenden Regeln verrichtet wird, ihr Ziel in sich selber hat und begleitet wird von einem Gefühl der Spannung und Freude und einem Bewußtsein des ›Andersseins‹ als das ›gewöhnliche Leben‹.«

Tante Emma drückte das viel schlichter aus. »Wer spielt, hat mehr vom Leben«, meinte sie kurz und bündig. Dann erzählte sie von Spielen aus ihrer Kinderzeit. Von ihr stammt die Anregung, anstelle vieler Einzelspiele ohne inneren Zusammenhang zur Abwechslung bei einem Sommerfest für Kinder einen ganzen Jahrmarkt aufzubauen – mit einer Schießbude (Wurfpfeile, Ballwerfen auf Blechbüchsen, Seite 167), einem Wurstschnapper-Stand (Seite 172), einer Würfelbude, einem Limonade-Ausschank und einer Verlosungsbude. Je nach der Zahl der kleinen Gäste läßt sich der Umfang dieses Jahrmarktes verkleinern oder erweitern. Ein bißchen Vorbereitungsarbeit und Abwicklungsmühe steckt natürlich drin. Das gilt auch für den Privatzirkus im Garten, für den sich zahlreiche Wettkampfspiele (Hahnenkampf Seite 176, Bockspringen Seite 176, Hindernislauf Seite 156) eignen, dazu kann man einen Riesen (Stelzenläufer Seite 175) auftreten lassen, eine »Kapelle Krach« zusammenstellen, wenn die Nachbarn nichts dagegen haben, und den »Dummen August« das Apfeltauchen (Seite 180) üben lassen.
Mit ein bißchen Phantasie läßt sich dieses Programm je nach der Altersklasse der Gäste noch abrunden. Vor allem ergibt sich beim Zirkus eine prächtige Gelegenheit zum Verkleiden. Wichtig ist, daß der Zirkus viele Mitspieler hat; das Zuschauen bleibt den Erwachsenen überlassen und den jungen Spielern, die gerade nicht an der Reihe sind. Auch ein sommerliches Sportfest oder eine Faschingsveranstaltung im Zimmer – bitte keine Kopie »erwachsener« Feste dieser Kategorie daraus machen! – bieten herrliche Möglichkeiten, dem Spielnachmittag einen Rahmen zu geben.
Selbstverständlich eignen sich nicht nur die im folgenden Kapitel aufgeführten Spiele für Kinderfeste. Mit Ausnahme des Tanzspiele-Kapitels gibt es in allen Spielgruppen dieses Bändchens Vorschläge, die sich bei »Kleinen Gesellschaften« verwirklichen lassen, vom Quiz bis zu den Geschicklichkeitsspielen. In einigen Fällen wird es notwendig sein, das Spiel etwas zu vereinfachen und, je nach der Altersklasse der Teilnehmer, auf die Auffassungsgabe der Mitspieler abzustimmen. Gerade bei Kinderpartys sollte man darauf achten, daß »Sitzspiele« und Bewegungsspiele, Spiele für Leute »mit Köpfchen« und solche für sportlich veranlagte Teilnehmer in bunter Folge gebracht werden. Dazu gehört durchaus auch die Gelegenheit zum Austoben – selbst noch bei

Gästen im Tanzstundenalter. Glücklich zu schätzen ist, wer zu diesem Behuf über einen genügend großen Keller- oder Bodenraum verfügen kann, der sich ohne Rücksicht auf Parkett und Tapeten phantasievoll dekorieren läßt und den beliebtesten Rahmen für eine Geburtstagsgesellschaft abgibt.
Auch dieser letzte Hinweis stammt aus Tante Emmas Erfahrungsschatz. Falls Sie, verehrter Leser, also eine solche stets frohgemute Tante in erreichbarer Nähe haben sollten, benutzen Sie deren unerschöpflichen »Erkenntnisschatz« liebenswürdig, aber hemmungslos als Fundgrube für neue Spielvorschläge und das wirkungsvolle Aufziehen großer und kleiner Feste. Sie werden sicher staunen, was dabei alles herauskommt.

## EINS, ZWEI, DREI, DU BIST FREI

### *Abzählverse*

Ich und du,
Müllers Kuh,
Müllers Esel,
der bist du.

Eine beine Rätsel
wer backt Brezel?
Wer backt Kuchen?
Der muß suchen.

Eins, zwei, drei,
Zuckersiederei,
Zuckersiedepumpernickel
eins, zwei, drei.

Eine alte Dickmadam,
saß mal auf der Eisenbahn.
Eisenbahn, die krachte,
Dickmadam, die lachte.
Eins, zwei, drei
und du bist frei.

Jung hol Wein,
Knecht schenk ein,
Herr sauf aus,
du bist draus.

Eins, zwei, drei,
Butter auf dem Brei,
Salz auf dem Speck,
du mußt weg.

Eins, zwei, drei, vier,
saß ein Männchen vor der Tür,
hatt' ein rotes Hütchen auf,
oben saß der Kuckuck drauf.

Eins, zwei, drei,
wir alle sind dabei.
Vier, fünf, sechs,
die Birn' ist ein Gewächs.
Sieben, acht, neun,
du mußt's sein!

Sechs mal sechs ist sechsunddreißig,
ist der Mann auch noch so fleißig
und die Frau ist liederlich,
geht die Wirtschaft hinter sich.

Ene, dene, Tintenfaß,
geh in die Schul' und lerne was.
Wenn du was gelernet hast,
komm nach Haus und sag mir was.
Eins, zwei, drei – du bist frei.

Eins, zwei, drei,
du bist frei.
Vier, fünf, sechs,
du bist nex.
Sieben, acht, neun,
du mußt's sein.

## FROHES TREIBEN IM GARTEN

### *Blinde Kuh und Topfschlagen*

Beide Spiele bedürfen keiner großen Erläuterung, sondern höchstens der erinnernden Andeutung. Beim *Blinde-Kuh-Spiel* wird zunächst durch Auszählen bestimmt, wer zuerst an die Reihe kommen soll. (Abzählverse siehe oben.) Dann wird dem ersten »Opfer« eine dichte Binde vor die Augen gelegt. Während die Mitspieler die *Blinde Kuh* lachend umtanzen und necken, muß sie versuchen, einen von ihnen zu fangen, der als nächster an die Reihe kommt. – Das *Topfschlagen* wird gerne zur Verteilung kleiner Geschenke benutzt. Die Gabe liegt unter einem alten Blechtopf. Der Spieler bekommt einen Stock in die Hand, die Augen werden ihm verbunden und, nachdem man ihn zur Irreführung ein paarmal um sich selbst gedreht hat, muß er so lange mit dem Stock auf den Boden schlagen, bis er den Topf getroffen hat.

### *Wurstschnappen*

Von einem Baum hängt an einer langen Schnur eine senfbestrichene Wurst herab, und zwar in einer solchen Höhe, daß die Spieler den Wurstzipfel nur im Sprung erreichen können. Die Wurstschnapper nehmen etwa fünf Meter Anlauf, einer nach dem anderen selbstverständlich, und versuchen, ein Stück von der Wurst abzubeißen. Die Hände dürfen dabei nicht benutzt werden. Wenn sehr viele Teilnehmer mitmachen, kann man auch mehrere Würste nebeneinander aufhängen. Das Spiel läßt sich ebenso mit

Brezeln ausführen. Um die Sache etwas zu erschweren, kann man den Beteiligten zusätzlich die Augen verbinden. In diesem Fall muß auf den Anlauf verzichtet werden.

*Wer hat Angst vorm schwarzen Mann?*

Zu beiden Seiten des Spielplatzes werden Male abgesteckt. Dazwischen, in der Mitte des Platzes, steht der zum schwarzen Mann ernannte Spieler. Alle übrigen Mitspieler stehen an dem Mal auf der einen Platzseite. »Wer hat Angst vorm schwarzen Mann?« Nach diesem Ruf des schwarzen Mannes laufen die Spieler zum Mal auf der anderen Seite des Platzes hinüber und achten darauf, daß der schwarze Mann sie nicht abschlagen kann. Ein paar Spieler erwischt er natürlich doch. Sie sind seine Gefangenen und müssen bei der nächsten Runde versuchen, ein paar Läufer einzufangen und so lange festzuhalten, bis der schwarze Mann sie abschlagen kann. Zum Schluß bleibt nur noch ein Läufer übrig – er ist beim nächsten Spiel der schwarze Mann.

*Eierlaufen und Sackhüpfen*

Zu den beliebtesten Wettläufen mit Hindernissen gehören diese beiden altbekannten Spiele. Beim *Eierlaufen* bekommen die Wettkämpfer Blechlöffel in die Hand, auf denen Porzellaneier liegen. Kartoffeln tun es übrigens auch. Nach dem Startkommando versuchen die Läufer, ins Ziel zu kommen, ohne die Eier oder Kartoffeln zu verlieren. – Zum *Sackhüpfen* gehören vier bis sechs sau-

*Nur nicht aufgeben! Auf die Beine! Weiterhüpfen!*

bere Jutesäcke. Die Läufer klettern hinein und halten die oberen Sackränder fest. Die Hüpfstrecke darf nicht zu lang sein. Wer den Sack unterwegs verliert, scheidet aus.

### *Fuchs aus dem Loch*

Ein Spieler wird zum Fuchs gewählt. Er zieht sich in seine Höhle zurück, die durch einen abgesteckten Kreis von zwei bis drei Meter Durchmesser dargestellt wird. Alle Spieler, auch der Fuchs, sind mit Plumpsäcken (siehe auch Seite 178) ausgerüstet. Der Fuchs darf nur in seiner Höhle auf beiden Beinen stehen. Außerhalb der Höhle muß er auf einem Bein hüpfen. Seine Mitspieler umkreisen die Höhle und versuchen, ihm mit dem Plumpsack eins auszuwischen, ohne sich dabei vom Fuchs schlagen zu lassen. Wer vom Plumpsack des Fuchses getroffen wird, muß selbst in der nächsten Runde den Fuchs spielen.

### *Weber und Schiffchen*

Die Teilnehmer fassen sich an den Händen und bilden einen Kreis. Die Arme müssen dabei ausgestreckt werden. Vorher wurde ein Spieler zum Schiffchen ernannt, ein anderer zum Weber. Das Schiffchen läuft nun unter den gehobenen Armen der Mitspieler durch, und zwar in Schlangenlinien bei einem Spieler in den Kreis hinein, beim nächsten wieder heraus – und so fort. Der Weber versucht, das Schiffchen auf dem gleichen Weg zu fangen. Wegabkürzungen sind verboten.

### *Kreuzhaschen*

Als Abwandlung des bekannten Hasch- oder Zeckspiels, vielerorts auch Kriegen oder Fangen genannt, ist das Kreuzhaschen besonders beliebt. Ein Spieler wird zum Häscher ernannt. Er verfolgt einen beliebigen Mitspieler. Ein anderer Spieler macht sich ebenfalls auf die Jagd und kreuzt den Weg zwischen Häscher und Verfolgtem. Der Verfolgte ist damit frei, der Häscher muß ihn in Ruhe lassen und statt dessen den Kreuzenden zu fangen versuchen. Aber schon quert ein anderer Spieler die Laufbahn – bis es dem Häscher endlich gelingt, einen der seinen Weg kreuzenden Spieler einzuholen und abzuschlagen. Der Erwischte wird neuer Häscher.

### *Stelzenlaufen*

Stelzen macht man sich aus etwa drei Zentimeter starken, glatten Stangen, von ungefähr 1,80 Meter Länge, an denen in dreißig Zentimeter Höhe hölzerne Tritte befestigt sein müssen. Für den Stelzenlauf wird eine ungefähr zwanzig Meter lange Strecke abgesteckt. Je nach der Anzahl der verfügbaren Stelzenpaare kann man einen Wettlauf daraus machen oder einen Lauf nach der Uhr. Für geübte Stelzenläufer ist ein Hindernislauf besonders reizvoll.

### *Die Mauer*

Ein Spieler ist der Bauunternehmer; er steckt die erste Mauer seines Bauwerkes mit einer Schnur, einem Kreidestrich oder ein paar Latten ab. Die Spieler sammeln sich zehn Meter von dieser Linie entfernt, die vom Bauunternehmer bewacht wird. Auf ein Zeichen des Bauunternehmers laufen die Spieler los und versuchen, über die Mauerlinie zu kommen, ohne vom Bauunternehmer abgeschlagen zu werden. Wer erwischt wird, muß als Mauerstein an der Linie stehenbleiben. Dann folgt die zweite Runde, bis nur noch ein Läufer übrig ist. Er darf die nächste Mauer bauen.

### *Böckchen, schiele nicht!*

Die »Kleine Gesellschaft« stellt sich paarweise hintereinander in einer möglichst langen Reihe auf. Vor dem ersten Paar steht ein ausgeloster Spieler als »Böckchen«, und zwar mit dem Rücken zu den anderen. Das Böckchen klatscht in die Hände und ruft: »Eins, zwei, drei, letztes Paar vorbei!« Auf dieses Kommando läuft das letzte Paar – einer links von der Reihe, der Partner rechts – nach vorn und versucht, sich vor dem Böckchen wieder zu vereinigen. Wenn die beiden Spieler an dem Böckchen vorbeilaufen, setzt sich dieses ebenfalls in Bewegung und bemüht sich, einen von ihnen abzuschlagen, bevor sie sich wieder an den Händen gefaßt haben. Der Abgeschlagene wird neues Böckchen, sein Partner bildet mit dem alten Böckchen wieder ein Paar. Solange das Böckchen vor der Reihe steht, darf es sich nicht umdrehen und auch nicht zur Seite schielen, um zu sehen, wann das Paar vorbeikommt.

### *Hahnenkampf*

Jedes Kind sucht sich einen Gegner. Die Kämpfer verschränken die Arme vor der Brust und gehen, auf einem Fuß hüpfend, aufeinander los, wobei sie versuchen, den Gegner durch Stöße mit Oberarm und Schulter aus dem Gleichgewicht zu bringen. Wer mit dem zweiten Fuß den Boden berührt, hat verloren.

### *Bock- und Hammelspringen*

Der erste Spieler stellt sich beim *Bockspringen* mit gegrätschten Beinen und vorwärts gebeugtem Körper hin, senkt den Kopf und stützt die Arme auf seine Knie. Der zweite nimmt Anlauf und springt mit gegrätschten Beinen über seinen Vordermann, wobei er sich an dessen Rücken abstößt; dann stellt er sich ein paar Meter weiter vorn ebenfalls als Bock auf. Der dritte Spieler muß nun schon zwei Böcke überwinden, der vierte drei, der fünfte vier – und so fort, bis alle Spieler als Böcke dastehen. Nun geht der erste Spieler über die Bockreihe, der zweite folgt – und die ganze Hinderniskette rollt sich von selbst wieder auf. – Beim *Hammelspringen* stehen die lebenden Hindernisse quer zur Sprungrichtung.

## UND IN DEN VIER WÄNDEN

### *Alle Vögel fliegen hoch*

Die Mitspieler sitzen um einen großen, nach Möglichkeit runden Tisch und legen die Handflächen auf die Tischplatte. Einer übernimmt die Spielleitung und kommandiert: »Alle Vögel fliegen hoch!« Dabei müssen alle Spieler die Hände hoch durch die Luft

*Alle Hunde fliegen hoch – ach, du meine Güte …*

fliegen lassen und sofort wieder auf den Tisch legen. Anstelle der Vögel kann der Spielleiter von Fledermäusen über Sputniks bis zu Schmetterlingen alles mögliche andere »Luftgetier« fliegen lassen. Ruft er dagegen Tiere, Personen oder Gegenstände auf, die nicht fliegen können, müssen die Hände auf dem Tisch bleiben. Wer einen Fehler macht und Elefanten oder Gänsebraten fliegen läßt, zahlt ein Pfand. Der Spielleiter darf auch dann mit den Händen in der Luft herumfuchteln, wenn nichts Flugfähiges ausgerufen wurde.

*Der König ist gestorben*

Die Spieler stellen sich bei diesem Spiel in zwei Linien, Gesichter einander zugewandt, auf, und zwar in etwa zwei Meter Abstand. An jedem Ende der Gasse steht ein Spieler mit einem schwarzen Hut oder einer schwarzen Papiermütze auf dem Kopf und einer brennenden Kerze in der Hand. Diese beiden »Trauerbotschafter« müssen, einander in die Augen sehend, bis zur Mitte der Linie gehen, sich voreinander verbeugen und mit Grabesstimme verkünden: »Der König ist gestorben!« Drei Verbeugungen folgen, dann gehen die beiden Kerzenträger würdevoll auf ihre Plätze zurück. Wer bei dieser feierlichen Zeremonie lacht, zahlt ein Pfand.

*Zimmer zu vermieten?*

Die Spieler sitzen im Kreis auf dem Boden, mit Ausnahme eines »Wohnungsuchenden«, der von einem zum anderen geht und die Frage stellt: » Zimmer zu vermieten?« Während er das tut, wechseln die anderen Spieler unaufhörlich die Plätze. Der Wohnungsuchende muß dabei versuchen, einen freigewordenen Platz zu ergattern und zu besetzen. Das »ausquartierte Opfer« macht sich nun seinerseits auf die Zimmersuche.

*Verreisen*

Die Spieler sitzen im Kreis. Jeder bekommt einen Städtenamen zugeteilt. Der Spielleiter steht in der Mitte und ruft die Strecken aus. Wenn er zum Beispiel sagt: »Von Bremen nach Kassel«, müssen die Spieler mit diesen Ortsbezeichnungen aufspringen und die Plätze tauschen. Wer nicht aufpaßt, zahlt ein Pfand.

*Peter und Paul*

Ein Tisch – möglichst ein runder – steht frei in der Mitte des Zimmers. An seiner Kante halten sich zwei Spieler, denen die Augen verbunden wurden, mit der linken Hand fest. In der rechten Hand tragen beide einen Plumpsack (siehe auch unten). Auf ein Kommando des Spielleiters beginnt die Jagd um den Tisch, dessen Platte niemals losgelassen werden darf. Peter versucht, Paul mit dem Plumpsack zu treffen, und Paul macht es ebenso. Die beiden Wettkämpfer dürfen sich dabei anrufen. Wer seinen Gegner zuerst erwischt, hat gewonnen.

*Ringsuchen*

Die Spieler sitzen im Kreis und halten eine Schnur in den Händen, deren Enden zusammengeknotet sind. Vor dem Verknoten der Schnurenden wurde ein Gardinenring – ein Schlüssel tut es auch – über die Schnur gezogen. Der Ring wird nun möglichst schnell von einer Hand zur anderen weitergeschoben. Dabei müssen auch die gerade »leeren« Hände ständig in Bewegung sein, damit das in der Mitte des Kreises stehende Opfer nicht so schnell herausbekommt, wo sich der Ring im Augenblick befindet. Der Spieler, bei dem der Ring schließlich entdeckt wird, kommt als nächster in den Kreis.

*Der Plumpsack geht um*

Zwar gehört dieses Spiel zu den ältesten der Weltgeschichte, aber es hat bis heute noch nichts von seiner Beliebtheit eingebüßt. Ein Plumpsack ist nichts anderes als ein großes Taschentuch mit einem Knoten darin. Die Spieler sitzen oder stehen im Kreis, und zwar möglichst eng auf Tuchfühlung. Der Plumpsack wandert nun auf dem Rücken der Spieler von Hand zu Hand, während ein in den Kreis gerufenes Opfer versucht, dem geknoteten Tuch auf die Spur zu kommen. Da der Suchende einem Teil des Kreises immer den Rücken zudreht, versuchen die Spieler, die gerade nicht beobachtet werden, das Opfer durch Schläge mit dem Plumpsack aus der Ruhe zu bringen. Bis es sich umgedreht hat, muß der Plumpsack natürlich längst wieder hinter den Rücken verschwunden sein, Wer mit dem Tuch erwischt wird, muß als nächster in den Kreis.

## *Was bringt die Zeitung?*

Die Zeitung bringt bei diesem Spiel nur Hauptwörter, die auf »ung« enden: Verwicklung, Belehrung, Belustigung, Vorsehung, Belästigung und so weiter. Die Spieler sitzen in einem großen Kreis. Einer macht den Anfang und wirft einem beliebigen Mitspieler ein geknotetes Taschentuch zu mit dem Ruf: »Was bringt die Zeitung?« Der Angerufene muß mit einem »ung«-Wort antworten und seinerseits das Tuch sofort mit der Frage »Was bringt die Zeitung?« weiterwerfen. Wer nicht innerhalb von drei Sekunden eine Antwort weiß oder ein Wort sagt, das schon einmal vorgekommen ist, zahlt ein Pfand.

## *Abklatschen*

Die Teilnehmer sitzen in einem nicht zu weiten Kreis und strecken die Hände zur Mitte aus, Handflächen nach oben. Im Kreis steht ein Mitspieler, der versucht, eine Hand zu treffen. Wegziehen und zur Seite ausweichen ist erlaubt. Wer getroffen wird, muß den »Klatscher« ablösen.

## *Das Flaschenorakel*

Die Spieler sitzen im Kreis. Der Spielleiter hat eine leere Weinflasche mitgebracht, legt sie auf den Fußboden, versetzt sie in Drehungen und stellt die erste Orakelfrage – zum Beispiel: »Wer hat heute zerrissene Strümpfe an?« Die Flasche zeigt, wenn sie zum Stillstand gekommen ist, auf den »Sünder«, der nun seinerseits eine Orakelfrage stellen und die Flasche drehen darf.

## *Schinkenklopfen*

Dieses Spiel ist so bekannt, daß es nur zur Erinnerung aufgeführt werden soll. Ein »Opfer« – bei diesem Spiel ist es wirklich eins – kniet vor einem anderen Spieler, der auf dem Stuhl sitzt, und läßt sich von ihm die Augen zuhalten. Die anderen gehen der Reihe nach an dem Ärmsten vorbei und versetzen ihm je einen kräftigen Schlag auf das Hinterteil. Der Geklopfte versucht, den Schläger zu erraten oder an seiner »Handschrift« zu erkennen. Hat er richtig getippt, ist der Erkannte das nächste »Opfer«. Beim »Amerikanischen Schinkenklopfen« knien zwei »Opfer« nebeneinander. Einer ist eingeweiht, taucht ein paarmal hintereinander aus der Versenkung auf und verhaut seinem Nebenmann das Hinterteil. Es dauert eine ganze Weile, bis dieser »auf den Trichter« kommt und den Schläger errät.

## KOMISCHE WETTBEWERBE

### *Mehlschneiden*

Kein Spiel für pikfeine Sonntagskleider, aber ein Mordsspaß! Man häuft auf einem Teller einen möglichst hohen Mehlberg auf. Das Mehl darf nicht zu locker auf dem Teller liegen, deshalb muß man versuchen, es möglichst kräftig zusammenzudrücken. Auf der Spitze des Mehlberges liegt eine Spielmarke, ein Geldstück oder ein Ring. Die Spieler müssen nun der Reihe nach mit dem Messer etwas von dem Mehlberg abschneiden. Wird das Messer zu wagemutig oder zu zittrig geführt, kommt das Geldstück ins Rutschen. Pech für den Spieler! Der Unglücksrabe muß die Münze mit dem Mund aus dem Mehl fischen.

### *Apfeltauchen*

Auf einer wassergefüllten Schüssel (auch ein Eimer eignet sich) schwimmen kleine oder mittelgroße Äpfel. Der Reihe nach darf jeder Spieler einmal versuchen, mit Mund und Zähnen einen Apfel herauszufischen. Da die Äpfel rasch ausweichen, ihre Stengel vorher sicherheitshalber abgeknipst wurden und die Zuhilfenahme der Hände selbstredend verboten ist, geht es bei diesem Spiel nicht ohne nasse Gesichter ab. Die Zuschauer haben dafür ein um so größeres Vergnügen – bis sie selbst an die Reihe kommen.

*Warum so durstig?*
*Auf den Apfel kommt es an!*

### *Watteblasen*

Bei diesem Spiel können auch die Kleinsten schon mitmachen. Alle sitzen um einen großen, nach Möglichkeit runden Tisch, auf dem ein Flöckchen Watte liegt. Auf ein Kommando des Spielleiters beginnen alle zu blasen. Wer das Pech hat, die Watte nicht mehr wegpusten zu können, so daß sie an ihm hängenbleibt oder links neben ihm zu Boden fällt, gibt ein Pfand oder scheidet aus. Es ist verboten, die Hände zur Abwehr zu benutzen oder »frecherweise« die Watte zu verschlucken.

## ACHTUNG, AUFPASSEN!

### *Tellerdrehen*

Hier dreht sich alles um einen sich drehenden Holzteller. Einer der im weiten Kreis sitzenden oder auf dem Boden hockenden Mitspieler setzt ihn – auf die Kante gestellt – in Kreiselbewegung, ruft den Namen eines anderen Spielers und läuft auf seinen Platz zurück. Der Aufgerufene muß rasch zu dem Teller laufen und ihn auffangen, bevor er sich auf dem Fußboden zur Ruhe gelegt hat. Dann ist er an der Reihe mit Tellerdrehen und Aufrufen. Wer den Teller nicht mehr rechtzeitig erwischt oder den Namen seines Spielvorgängers aufruft, zahlt ein Pfand.

### *Lirum, larum, Löffelstiel*

Der Spielleiter hält einen Löffel hoch, macht irgendeine auffallende Bewegung dazu – er kneift zum Beispiel das linke Auge zu, schlägt die Beine übereinander oder faßt sich mit der linken Hand ans Ohrläppchen – und gibt das Eßgerät mit dem Spruch »Lirum, larum, Löffelstiel, wer das nicht kann, der kann nicht viel« an den nächsten Spieler weiter. Allen Teilnehmern ist vorher eingeschärft worden, daß sie den Löffel auf die genau gleiche Art, wie er ihnen übergeben wurde, weiterreichen müssen. Sie werden sich deshalb bemühen, die Bewegungen des Vordermannes nachzumachen. In Wirklichkeit kommt es auf diesen ablenkenden Zauber gar nicht an, sondern nur auf die Art, wie der Löffel gehalten und übergeben wird, also zum Beispiel mit dem Stiel nach oben oder nach links, pendelnd oder wippend, genau waagerecht oder schräg. Wer diese Kleinigkeiten übersieht, zahlt ein Pfand, und der Löffel wandert weiter, bis alle den Kniff herausbekommen haben.

### *Gekreuzt und ungekreuzt*

Der Spielleiter gibt seinem Nachbarn zwei Bleistifte und sagt: »Hier habe ich zwei Bleistifte, die gebe ich gekreuzt (oder ungekreuzt) weiter.« Der Nachbar nimmt die Bleistifte entgegen und läßt sie weiterwandern. Die meisten Spieler werden dabei auf die Stellung der Bleistifte achten. In Wirklichkeit kommt es darauf an, ob der Weitergebende die Beine unter dem Tisch übereinandergeschlagen, das heißt gekreuzt hat oder nicht. Es dauert eine Weile, bis allen dieser Trick aufgeht. Wer die Bleistifte nicht richtig weitergibt, zahlt ein Pfand.

### *Elektrisieren*

Innerhalb einer unvorstellbar kurzen Zeitspanne flitzt ein Stromstoß durch die Leitung. Bei diesem Spiel ist es ähnlich. Die Mitspieler sitzen im Kreis und halten einander an den Händen. Der Spielleiter drückt seinem rechten Nachbarn die Hand, und der muß ohne langes Überlegen den Druck mit der anderen Hand an seinen Nebenmann weitergeben. Nach ein paar fehlschlagenden Versuchen gelingt es schon ganz prächtig, den Händedruck-Stromstoß in der Kreisbahn bis zum Spielleiter zurückzuleiten. Nun folgen die Stromstöße in immer kürzeren Abständen – zum Schluß laufen sie sogar gleichzeitig nach beiden Seiten, vom Spielleiter ausgehend, überkreuzen sich und müssen gleichzeitig wieder beim »Impulsgeber« eintreffen.

### *Die Nagelschmiede*

Die Spieler sitzen um den Tisch. Jeder bekommt eine Nummer und muß sich einen Vortrag darüber anhören, wie in einer Nagelschmiede gearbeitet wird: *Kleine* Nägel werden mit dem kleinen Finger (auf den Tisch klopfend) geschmiedet, *mittlere* Nägel mit Zeige- und Mittelfinger, *größere* mit der flachen Hand, *große* mit der Faust und *Riesennägel* mit den Füßen, die auf den Boden klopfen. Nun gibt der Meister seine Befehle aus. Er verlangt zunächst, daß alle Gesellen (= Spieler) kleine Nägel schmieden. Schwieriger wird es schon, wenn die Gesellen Nummer 3 und 7 Riesennägel schmieden müssen und die Gesellen, die die Nummer 2, 4 und 5 haben, mit der linken Hand mittlere, mit der rechten Hand große Nägel in die Arbeit nehmen sollen. Auf diese Weise geht das Nagelschmieden weiter – bis die ersten Pfänder gegeben werden müssen, weil ein paar Gesellen nicht auf den Meister gehört haben.

### *Fische fangen*

Die Spieler sitzen um den Tisch. Jeder hat eine etwa halbmeterlange Schnur in der Hand, an deren einem Ende jeweils ein Korken befestigt wurde. Der Fischer versucht, einen der Korken, die in der Mitte des Tisches verstreut liegen, mit einem Kunststoff- oder Lederbecher zuzudecken. Wer sich bedroht fühlt, zieht rasch an der Schnur und bringt seinen »Fisch« aus der Gefahrenzone. Der Fischer muß seine Arbeit blitzschnell ausführen, wenn er nicht leer ausgehen will. Mit Ablenkungsmanövern kann er viel erreichen.

### *Das Fadenspiel*

An einem ganz dünnen Faden wird ein kleines Körbchen (eventuell aus Karton zusammengeklebt) freischwebend aufgehängt. Jedes Kind legt reihum etwas Schweres in den Korb: ein Steinchen, eine Nuß, einen Bonbon, eine Münze oder dergleichen. Dabei wird jedesmal der Spruch aufgesagt: »Fädchen, Fädchen, reiße nicht, damit das Glück mir nicht zerbricht.« Der Pechvogel, bei dem der Faden schließlich doch reißt, zahlt ein Pfand.

*Kinder, Kinder, wenn nur das Fädchen nicht reißt …*

### *Die Flüsterkette*

Die Spieler sitzen in einer langen Reihe nebeneinander. Der erste flüstert seinem Nachbarn schnell einen kurzen Satz ins Ohr, den dieser ohne Rückfrage sofort weitersagen muß. So wandert der Satz bis ans Ende der Kette. Der letzte in der Reihe verkündet laut, was bei ihm angekommen ist. Mit dem ursprünglichen Satzgebilde hat es meistens nicht mehr viel zu tun.

### *Geschenke verteilen*

Die Gesellschaft sitzt im Kreis. Jeder flüstert seinem rechten Nachbarn zu, was er ihm gerne schenken würde (oder einfach die Bezeichnung eines beliebigen Gegenstandes). Dem linken Nachbarn wird dagegen ins Ohr geflüstert, was er mit seinem Geschenk anfangen soll. Jeder merkt sich Geschenk und Verwendungszweck und sagt, wenn alle fertig sind, was ihm zugeflüstert wurde. »Ich bekomme eine Blumenvase und soll damit über den Starnberger See fahren«, heißt es dann zum Beispiel, oder: »Mein Geschenk ist ein Zwergpudel, mit dem soll ich den Hof kehren.«

### *Eierkullern*

Dieses Osterspiel aus dem Baltikum eignet sich durchaus nicht nur für Kindergesellschaften, sondern für die ganze Familie. Man braucht pro Spieler drei bis fünf hartgekochte, bunte Ostereier. Im Zimmer wird eine Rollbahn aufgebaut, und zwar legt man eine dicke Wolldecke auf den Fußboden und konstruiert an deren Stirnseite (welche ist gleichgültig) aus Büchern und einem Stück Pappe eine Ablaufbahn. Sicherheitshalber rollt man die Decke an den Seiten zu handhohen Wülsten ein, damit sich kein Ei selbständig machen kann. Einer beginnt mit dem Spiel und läßt ein Osterei über die Ablauframpe rollen. Der nächste zielt mit seinem Ei auf das erste, das irgendwo auf der Decke liegengeblieben ist. Gelingt es ihm, das Ei zu treffen, kann er alle beide einkassieren. Sonst bleibt seins ebenfalls liegen, und der dritte versucht sein Glück. Wer einen Treffer erzielt hat, bleibt so lange am Spiel, bis er alle Eier von der Bahn geräumt hat oder schließlich doch einen »Fehlschuß« tut. Keine Angst, jeder hat gute Chancen!

# SELBSTERFUNDENE SPIELE – NOCH MEHR FREUDE

Keine Angst, verehrter Leser und (hoffentlich inzwischen auch) Benutzer dieses Bändchens! Was auf diesen letzten Seiten steht, ist nicht etwa eine Art Pferdefuß-Nachwort, in dem der Verfasser mit wohlerhobenem Zeigefinger Ratschläge für die Programmgestaltung bei a) zehn und mehr Spielern im Alter von neun bis siebzehn Jahren, b) jungen Damen im Teenageralter mit literarischen Interessen und c) älteren Generaldirektoren mit Mercedes 220 SE und mitgebrachter Gattin gibt. Das alles sei Ihnen selbst überlassen. Spielnachmittage oder -abende lassen sich nicht in ein ganz strenges Korsett zwängen. Ihre Gäste würden es übrigens auch sofort merken und die Spiele »wie am Schnürchen« herunterleiern. Die Verantwortung für die nötige Improvisation, ohne die es bei aller Vorbereitung nun einmal nicht geht, kann Ihnen niemand abnehmen.

»Improvisation« – das sei das Stichwort für diese letzten Zeilen vor dem Stichwortverzeichnis. Der Platz am Ende des Buches ist kein Zufall. Dieses Kapitel richtet sich nämlich nur an den Spielbegeisterten, der sich *in der Praxis* mit Verve und Schwung, auf dem Umweg über viele schöne Spielabende, aber auch über Fehlschläge und Pannen, durch die zahlreichen Spielvorschläge dieses Bändchens »gefressen« hat. Dann wird er nämlich so weit sein, daß er selbst diese oder jene Spielidee zum Ausreifen bringen und ausprobieren kann.

Die leichteste Möglichkeit, selbst ein Spiel zu erfinden, ist die Veränderung und Abwandlung eines bekannten Spiels. Fast jedes traditionelle Spiel, vom »Fangespiel« bis zum »Zublinzeln«, gibt es in einem oder mehreren Dutzend verschiedenen Spielarten. Sie in diesem Bändchen alle aufzuführen, hätte den doppelten Umfang erfordert. Deshalb sei es Ihrer Phantasie und Spielfreudigkeit überlassen, sich selbst Abarten auszudenken. Zum Beispiel kann man die Regeln für Wettkampfspiele und Geschwindigkeitsspiele je nach der Zusammensetzung der Gesellschaft erleichtern oder erschweren, kann Spiele aus der Gruppe »Lustiges für Kind und Kegel« für Erwachsenen-Bedürfnisse »zurichten« und Mannschaftsspiele in Spiele »zu zweit« umwandeln. Bitte achten Sie aber bei allen Regelveränderungen darauf, daß ihre Auswirkungen auf die Spielpraxis nicht erst erprobt werden dürfen, wenn die Gäste schon um den Tisch sitzen. Kaum etwas schadet dem Spielablauf so sehr wie Unsicherheit des Spielleiters. So etwas läuft meistens darauf hinaus, daß zum Schluß sämtliche Gäste ihre eigenen Regelvorschläge machen. »Bei uns wurde das aber so gespielt« heißt es dann, oder »Diese Regel kenne ich aus meiner Kinderzeit ganz anders«. Abhilfe: Vorher im Familienkreis ausprobieren, damit alles »sitzt«, und in der Gesellschaft die festgelegten Regeln nur noch bekanntgeben. Diskussionen darüber stehlen Spielzeit, weiter nichts, und Vorschläge für Regeländerungen sollte man unverbindlich für das nächstemal zur Kenntnis nehmen.

Neben selbsterfundenen Abwandlungen gibt es aber noch andere Möglichkeiten, den »häuslichen Spielschatz« zu erweitern. Denken Sie nur an die vielen Quiz-, Rate- und Geschicklichkeitsspiele in Rundfunk- und Fernsehsendungen. Es ist keineswegs verboten, davon etwas für den Hausgebrauch zu übernehmen. Sie müssen nur bedenken, daß Ihnen im Gegensatz zum Funk kein eingespielter Regie- und Helferapparat zur Verfügung steht. Was gemacht werden muß, bleibt meistens an Ihnen als dem Spielleiter hängen – und Sie können nicht dreierlei auf einmal tun. Wagen Sie sich deshalb nicht an Spiele, deren technischer Ablauf Ihnen zu viele Umstände machen würde. Es lohnt sich auch nicht für Sie, umständliche und vielleicht teure Geräte anzufertigen, die dann doch nur einmal benutzt werden können.

Weitere »Eigenschöpfungen« bedingen in erster Linie eine gute Beobachtungsgabe und etwas Kombinationsfähigkeit. Wenn zum Beispiel gerade ein bestimmtes Buch oder auch ein Film in aller Munde ist, könnten Sie versuchen, darauf ein Spiel aufzubauen. Politische Ereignisse, lassen sich für Quizaufgaben, Bilderrätsel oder auch Drudel mit entsprechenden Anspielungen verwenden. In sportlichen Ereignissen stecken ebenfalls viele Ansatzpunkte für neue Spiele. Besonders beliebt sind natürlich Spiele, die auf allgemein bekannten Vorgängen im engeren Bekannten- oder Verwandtenkreis beruhen. Versuchen Sie, ein »Tante-Minna-Geburtstagsspiel« zu erfinden, oder bauen Sie meinetwegen ein Hochzeitsspiel für die älteste Nichte. Es darf dabei ruhig ein bißchen verrückt zugehen. »Solange man mit Verstand närrisch sein kann, ist man gescheit«, sagt ein alter Spruch. Lassen Sie mich Ihnen wünschen, daß Ihre Gäste stets mit Verstand närrisch sein mögen und daß sich bei Ihnen so etwas wie ein Treffpunkt einer »Gesellschaft von Köpfen« – nicht nur von Füßen oder Mägen – bilden möge.

## REGISTER

*Die Titel der Spiele sind in gerader Schrift, die Bezeichnungen der Spielarten in schräger Schrift gesetzt. Um ein besseres Auffinden der Titel zu ermöglichen, wurden alle Artikel nachgestellt. In diesen Fällen ist das wesentliche Substantiv Stichwort.*